证券市场相对效率评价：
理论与实证

易荣华　著

经济科学出版社

图书在版编目（CIP）数据

证券市场相对效率评价：理论与实证/易荣华著. —北京：
经济科学出版社，2015.12
ISBN 978 – 7 – 5141 – 6498 – 5

Ⅰ.①证…　Ⅱ.①易…　Ⅲ.①证券市场 – 经济效率 –
经济评价　Ⅳ.①F830.91

中国版本图书馆 CIP 数据核字（2015）第 313287 号

责任编辑：黄双蓉　黎子民
责任校对：刘欣欣
责任印制：邱　天

证券市场相对效率评价：理论与实证
易荣华　著
经济科学出版社出版、发行　新华书店经销
社址：北京市海淀区阜成路甲 28 号　邮编：100142
总编部电话：010 – 88191217　发行部电话：010 – 88191522
网址：www. esp. com. cn
电子邮件：esp@ esp. com. cn
天猫网店：经济科学出版社旗舰店
网址：http://jjkxcbs. tmall. com
固安华明印业有限公司印装
710 × 1000　16 开　13 印张　240000 字
2015 年 12 月第 1 版　2015 年 12 月第 1 次印刷
ISBN 978 – 7 – 5141 – 6498 – 5　定价：45.00 元
（图书出现印装问题，本社负责调换。电话：010 – 88191502）
（版权所有　侵权必究　举报电话：010 – 88191586
电子邮箱：dbts@ esp. com. cn）

本书受国家自然科学基金项目（71173023、71473235）、浙江省人文社科基地"管理科学与工程"、浙江省哲学社会科学重点研究基地"产业发展政策研究中心"、浙江省协同创新中心"标准化与知识产权管理"资助。

前　　言

　　"效率"或"有效性"的经济学内涵是指生产活动所得到的经济成果与投入的比值。从本质上讲,证券市场效率是证券市场功能实现程度的反映,功能发挥程度越好的市场效率越高。证券市场的功能多样性和机制复杂性决定了证券市场效率表现形式的多样性和实现机制的复杂性。一般认为,单一效率指标并不能完整反映证券市场效率全貌,它是一个由资源配置、信息处理、资产定价、交易运行等多层面,且彼此相互作用的子效率综合体。

　　经典的证券市场效率研究主要集中在信息效率的检验上,即基于有效市场假说检验利用信息进行交易能否获得超额收益。几十年来,此类研究文献浩如烟海,但围绕选定样本期间收益统计检验结果推论市场效率的可信度引发了诸多争议,对有效市场假说立论基础的反思以及效率检验无法提供市场效率实现程度信息的批评日渐增多。鉴于此,坎贝尔(Campbell,1997)提出了相对效率的概念以及从收益研究回归价格行为研究的思想。此后,关于相对效率的研究日渐增多,相对效率概念的提出使市场效率研究有望从"检验"步入了"量化"阶段,有助于更明确把握市场效率的实现程度、效率的动态变化程度和趋势,以及对不同市场之间或同一市场不同时期的效率差异进行定量比较。

　　本书是一部以有效市场假说和相对评价思想理论为基础的证券市场效率研究专著。在系统梳理证券市场效率评价理论方法的基础上,基于坎贝尔(1997)提出的相对效率思想以及托宾(Tobin,1984)关于证券市场效率分类评价的思想,探讨分析了相对效率评价的理论基础和实现思路,以及基于"同质"的交叉上市股票在不同市场的价格行为研究不同证券市场相对效率评价的方法论，并以中国交叉上市股票为例，重点从信息效率和估值效率两个子效率层面，实证研究了中国内地市场、中国香港市场、美国市场之间的相对效率评价、估值模式等其他相关问题。与传统的市场有效性研究法不同，本书主要从两个方面进行了创新探索：一是研究视角从市场收益回归为市场价格；二是从"市场有效性检验"拓展为"市场效率度量"，这将有助于更准确考察证券市场的定价功能以及不同市场效率的实现程度和动态变化趋势，为市场参与者提供更明确的研判依据。

　　本书在写作过程中参考了国内外众多学者的相关研究文献，在此一并表示感谢！由于水平有限，文中可能存在纰漏和不妥之处，敬请读者批评指正。

作者
2015 年 7 月于中国计量学院日月湖畔

目　　录

第一篇　总　　论

第二篇　证券市场相对效率评价理论与方法

第三篇　相对信息效率评价实证研究

第一篇
总　论

第一章

引　论

第一节　证券市场及其效率概述

一、证券市场

广义上的证券市场是指各种经济权益凭证发行和交易的场所与机制，狭义上的证券市场是指股票、债券、期货、期权等证券产品发行和交易的场所与机制。作为市场经济发展的产物，证券市场通过实物资产证券化的方式实现了筹资与投资的对接，有效地化解了资本的供求矛盾和资本结构调整的难题。

证券市场是市场体系的重要组成部分，其实质是资金供给方和资金需求方通过竞争决定证券价格的场所，其基本功能和派生功能包括：

（1）融通资金：为资金需求者筹集资金，为资金供给者提供投资对象。

（2）资本定价：证券价格是证券供求双方竞争的结果，证券价格与资本的投资回报正相关，证券市场提供了资本的合理定价机制。

（3）资本配置：通过证券价格引导资本流向投资回报高的企业或行业，从而实现资本的合理配置。

（4）转换机制：引导企业改制成为股份有限公司，形成"产权清晰，权利明确，政企分开，管理科学"的治理结构，健全企业的风险控制机制和激励机制。

（5）宏观调控：证券市场是国民经济的晴雨表，它能够灵敏地反映社会政治、经济发展的动向，为经济分析和宏观调控提供依据。

（6）分散风险：证券市场为融资者提供了将经营风险部分地转移和分散

给投资者的渠道，还可以通过证券交易提升资产的流动性和应对风险的能力。证券市场也为投资者提供了通过证券投资组合来转移和分散资产风险的渠道。

各国经济发展实践表明，证券市场不仅是国民经济的晴雨表，也是经济和社会发展的助推器，发达经济体的背后无不拥有一个成熟的证券市场，而经济快速发展的新兴国家的背后也一定有一个迅速发展的证券市场，证券市场的规模和效率在相当大程度上影响着宏观经济的发展质量。

二、证券市场效率

1. 证券市场效率的含义与子效率体系

"效率"或"有效性"的经济学内涵是指生产活动所得到的经济成果与投入的比值，即收益与成本之比，比值越高则效率越高。相应地，证券市场效率可以从证券市场的资源配置、信息处理、资产定价、交易运行等多个功能层面的收益与成本的比值来体现。

从本质上讲，证券市场效率是证券市场功能发挥程度的反映，即证券市场效率越高，其功能发挥程度越好。而从证券市场的运行机制来看，其功能发挥程度的好坏主要取决于证券价格是否及时准确地反映了有关信息的价值，以及证券交易是否可以公平、快速和低成本的实现。因此，证券市场效率也可以理解为证券价格准确性和证券流动性程度。

证券市场的复杂性和功能多样性决定了证券市场效率构成和表现形式的复杂性，单一的效率指标不能全面完整地反映证券市场的全貌，它是一个多层面、多种相互联系且彼此相互作用的子效率综合体。

托宾（Tobin，James，1984）首次将证券市场效率分解为四个子效率，即：信息套利效率（Information – Arbitrage Efficiency，简称信息效率）——反映到相关股票价格的信息量以及新信息的价值反映到价格中的速度；基本估值效率（Fundamental Valuation Efficiency，简称估值效率）——资产价格反映其真实经济价值的程度；保险效率（Insurance Efficiency）——证券市场合理地让投资者对冲未来潜在风险的测度；功能效率（Functional Efficiency）——证券市场服务实体经济的有效程度。

爱默生等（Emerson et al.，1997）进一步将证券市场效率归纳为三种，即：信息效率（informational efficiency）——证券价格及时反映信息价值的程度；运行效率（operational efficiency，交易效率）——市场所提供的流动性、快速和低成本交易的机制和能力；资源配置效率（allocative efficiency）——市场调节资金流向、保证资金流向优质公司的机制和能力。

另一种被广泛接受的分类是将证券市场效率分为内在效率和外在效率。内在效率是指证券市场的交易运营效率，即证券市场能否以最短的时间最低的交易成本为交易者完成一笔交易，它反映了证券市场的组织功能和服务功能的效率。而外在效率则是指证券市场的资金分配效率，即市场上的股票价格是否能根据有关信息做出及时的反应，它反映了证券市场调节和分配资金的效率。

2. 子效率之间的关系及表现形式

证券市场效率的子效率之间有着逻辑上和功能上的有机联系，体现在：运行效率是其他效率的基础，信息效率是估值效率和定价效率的前提条件，估值效率和定价效率又是保险效率和功能效率的前提条件，而且，要实现真正意义上的功能效率还离不开投资者的理性预期和健全的市场经济体制。

托宾（1987）认为，在具备运行效率的情况下，信息效率和估值效率可能存在以下几种情形：

（1）信息有效但估值无效，此时，价格反映了未来非理性投资者偏好的所有公开信息，但没有反映未来股息的信息。

（2）信息和估值均有效，此时，价格反映了未来股息和未来投资者偏好的所有公开信息（因为全部公开信息意味着未来投资者是理性的）。

（3）信息无效但估值有效，此时，价格反映了未来股息的信息，但没有反映未来投资者的偏好（因为全部公开信息预示着尽管投资者当前是理性的，但不久后将可能停止理性）。

他还认为，即使在那些具备技术有效（运行效率）的股市（如美国），也只能看到在弱有效和半强有效概念上的"信息效率"，不可能始终保持"估值效率"，证券价格并不一定反映该资产所有权未来支付的理性预期，证券市场的特点是持续的过度波动和失调，也就是价格持续偏离其内在价值。

凯恩斯坚信市场可以是信息有效，但估值无效。他认为股票价格根本不会反映内在价值，而是反映了个体试图预测群体未来行动的"博弈"结果。由于信息处理需要成本，价格绝对不可能完全反映已有公开信息的价值，因为如果是这样，收集信息将得不到任何补偿，这是市场有效传播信息与处理信息的激励之间的根本矛盾。即使股票市场是信息有效，也可以是估值无效，即没有反映理性预期的未来股息的现值，信息有效不等于估值有效。

格罗斯曼等（Grossman et al.，1980）证明了完全信息有效的市场是不存在的，理由是如果市场完全有效，那么，采集信息的回报是零，在这种情况下，投资者没有理由进行交易，市场最终将崩溃。因此，必须有足够的盈利机会（即存在无效），以弥补投资者的交易成本和信息收集成本。从文献检索结果看，只有少量实证研究文献认为发达股票市场具备信息效率，大量实证研究文献证明即使是发达国市场也不具备估值效率，而且信息效率与估值效率不可能同时出现。

关于证券市场效率与经济效率之间的关系。在市场经济中，价格是货物及劳务的供应与需求均衡的反映，不断变化的资源重新配置使它们得到更有效率的使用。然而，在金融经济学中，二级市场的股票价格通常被视为"信息有效"（informationally efficient）的价格，它们对产权资本的配置没有直接的作用，因为管理者在决定投资方向时具有自由裁量权，那么，股票价格信息效率和经济效率之间的联系是什么呢？

托宾（1987）对证券市场能否实现"功能效率"表示了怀疑："……该系统的服务并不便宜，巨额成本的活动不断发生，并投入了大量资源给它。"他认为，金融市场体系在技术、信息套利、基本估值和功能意义上可能是有效的，但不具备 Arrow – Debreu "全额保险效率"，即不支持帕累托有效的经济性，原因在于金融市场与严格意义上无效的劳动力和商品市场存在互动，金融市场体系不是完整的 Arrow – Debreu 市场。

道（Dow J., Gorton G., 1997）认为证券市场的信息效率与经济效率之间没有实质性的关联，投资有效并不以证券市场有效为前提条件，因为银行系统同样是投资资源有效分配的一个可选制度安排。

综上可见，功能效率和保险效率是一个综合经济体系下的概念，超出了证券市场自身的范畴，仅从金融市场体系的视角去研究很难得出正确的结论。从实证的角度看，新兴证券市场的低效率结论与其经济快速发展的事实也许从一个侧面印证了这一点。

第二节 证券市场效率评价

证券市场效率作为衡量证券市场中信息与定价的关系、资源配置功能、运作规范程度与市场成熟度的重要指标，它为有关各方认知证券市场特点和规律、制定市场监管政策和投资决策均提供了基础性依据。科学合理评价证券市场效率始终是实务界和金融经济学理论研究的核心问题。

一、证券市场效率的评价原则

证券市场功能的多样性和市场效率内涵的复杂性决定了证券市场效率评价工作的艰巨性，正确的指导原则是合理评价证券市场效率的前提，在具体评价工作中应当把握好以下几项原则：

第一，证券市场效率评价与实体经济效率评价相结合。提升证券市场效率的根本目的在于促进实体经济效率的提升。从根本上说，由于证券市场属于虚拟经济的范畴，证券市场的效率需要通过促进实体经济的发展来实现，同时需要从实体经济中得到检验。因此，评价证券市场效率的结果，应当与证券市场的运行和功能发挥程度相一致，与其促进实体经济效率的提升效应相符。如按照证券市场有效理论，我国证券市场是一个低效率市场，但从经济发展实践的巨大成果看，证券市场在优化资源配置发挥了重要的作用，因此，从这一角度看，我国证券市场应该是一个高效率的市场。

第二，证券市场效率评价应包含但不限于证券市场有效性的综合考察。证券市场效率不仅仅表现为信息效率，市场价格反映信息价值的有效性并不能完全替代证券市场在资本形成与资源配置方面的效率。因此，对证券市场效率的考察绝不能仅限于基于有效市场假说的信息有效性检验，还应当依据帕累托标准，包括对各种子效率状态的综合考察。

第三，证券效率评价应该从绝对效率和相对效率两个层面来综合考察。证券市场绝对有效是一个难以测度的理想状态，而且有效性是随着市场环境变化而变化的。因为作为效率评价基础依据的股票内在价值估计的不确定性、市场的复杂性与人类认知能力的有限性等决定了绝对效率评价难以准确实现，因此，在投资实践中，人们必须将复杂问题简单化，对高维的市场效率评价问题进行降维处理，从相对效率的视角进行评价，如此也可以弥补绝对效率评价的不足，提供更有指导意义的结论，而且证券市场全球化和信息化趋势为相对效率评价提供了基础条件。

第四，证券市场效率评价应当考虑效率变化的动态性特征。坎贝尔等（Campbell et al.，1997）认为全有或全无不是市场有效的一个条件，有效与无效随着时间的推移不断地发生周期变化交替却是一个特点。因此，必须以辩证动态的视角来看待证券市场效率评价问题。

第五，证券市场效率评价应当充分考虑市场背景特征。证券市场所处地的环境因素、市场制度安排、投资文化等是影响证券市场效率的重要因素，且在各个市场之间往往存在巨大差异，在评价和分析市场效率过程中必须充分考虑这些异质性因素的影响，尽可能加以量化，避免机械套用西方国家的做法，乃至于得出有重大偏差的结论。

二、证券市场效率评价的基本思路

鉴于证券市场效率内涵的复杂性和功能多样性，很难给出一个证券市场效率评价的综合结论，实践中往往围绕其子效率体系来展开，下面根据子效率体系对证券市场效率评价的基本思路给予简要论述。

1. 信息效率

按照信息效率的内涵，信息效率的评价是基于与市场效率密切相关的证券历史价格以及其他信息区分市场间的有效性。法马（Fama，1970）提出了著名的有效市场假说（Efficiency Market Hypothesis，EMH），并给出相应的研究范式及方法，即：弱式效率——证券价格充分反映过去价格变动中包含的信息，它们不遵循重复的价格运动模式，纯粹基于历史价格信息交易不可能获利；半强式效率——证券价格充分反映了所有公开的信息，市场参与者无法通过从公开的资料中"搜索"信息获得超额回报，因为信息已被完全反映到证券价格中；强式效率——证券价格充分反映所有公开信息或内幕信息，没有投资者能持续获得超额回报。他认为，一个强式效率市场肯定具有半强式效率，而半强式效率市场肯定是弱式有效，但反之不然。

（1）弱式效率。

弱式效率的主要研究方法是基于无套利原理和投资者理性预期的假设前提，检验选定样本期间股价收益率序列是否满足某种随机过程，如随机游走过程、鞅过程、白噪声过程，进而推论市场是否具有弱式效率。

（2）半强式效率。

半强式效率评价的基本思想是检验重要事件（如股票拆分、缩股等）前后是否存在超额收益的事件研究方法，即通过少数个体的检验结果来推断市场是否具有半强式效率。其依据是在半强式效率市场，投资者能在信息公布前，正确地预期将要公布的信息的价值，股价变动能及时地反映这种预期。事件研究法的关键在于确定超额收益率，即实际收益率与按模型估计的正常收益率之差额。

（3）强式效率。

强式效率市场有着极其苛刻的条件，它要求无论任何代理者在何时获得新信息，市场均应立即反映这一信息。强式效率检验的研究对象是专业投资者或内幕人士，通过统计检验和事件研究方法考察他们的投资行为以及投资业绩表现来检验内幕信息是否能带来超额收益。

2. 估值效率

估值效率的传统研究主要集中在检验实际股价是否偏离内在价值，核心是内在价值估计。一般有绝对估值和相对估值两种方法，即通过检验实际股价与内在价值的差异或者比较实际市盈率与标准市盈率的差异来判断市场的估值效率。

绝对估值是通过对上市公司历史及当前基本面的分析和对未来反映公司经营状况的财务数据的预测获得上市公司股票的内在价值。常用估值模型包括现金流贴现定价模型、b – s 期权定价模型（主要应用于期权定价、权证定价等）。相对估值是使用市盈率、市净率、市售率、市现率等指标与其他基准指标进行横向和纵向对比。

3. 配置效率

资源配置效率评价主要是从上市公司生产效率的角度间接进行测度，无法直接从市场本身进行度量。一种方法是用各行业的资本边际产出率的差别程度来判断一国的资源配置效率。另一种方法是以 Tobin – Q 理论为出发点，研究在同一个股票市场上资源在不同行业之间的转移问题，通过考察资源是否由未来收益较低的行业流向了未来盈利能力较高的行业，来解释股票市场的资源配置是否有效率。

4. 运行效率

由于运行效率主要受到市场微观结构的影响，现行研究方法主要有统计方法、因素分析法和事件研究方法等，从流动性、交易成本以及信息披露三个方面分别进行研究。流动性研究主要考察在既定的价格水平下进行交易的确定性和执行速度；交易成本研究主要考察完成一笔交易的显性和隐性费用，其中隐性费用是指由于大宗交易引致的市价不利变化而付出的时间成本；信息披露研究主要考察信息被公开披露的程度。

5. 保险效率

按照托宾（1998）的观点，具备保险效率的证券市场必须是完全的，即市场中交易的证券足够多，以致新证券的上市对任何投资者都没有新的利益，因为这个新证券可以通过现有证券投资组合来替代，投资者不会因为新证券上市的特定事件而获得额外利益。在这种情况下，证券市场可以为经济主体提供足够多的选择，以便根据他们的需要和偏好，方便地改变支出和消费的时间模式，为应对未来的各种状态提供充足的保险机会。由此看来，保险效率也可以视为功能效率的有机组成部分，一般认为，即使是发达证券市场也很难具备保险效率。由于证券市场只是为经济主体提供保险服务的制度体系的一部分，导致直接测度证券市场保险效率更加困难，基于上述两方面的原因，很少有专门研究证券市场保险效率的文献。

第三节　证券市场的相对效率评价

一、证券市场相对效率的含义

传统市场效率（市场有效性）评价往往是通过统计检验来测试一种全有或全无概念的绝对市场效率，几乎所有效率检验方法都必须假设一个正态收益分布均衡模型，而由于信息处理成本的原因导致收益往往不可能服从正态分布，使得通过对选定样本期间收益统计检验结果推论市场效率的做法常常被质疑。同时，这种效率检验的结果无法提供关于市场效率实现程度的量化指标。鉴于此，坎贝尔（1997）提出了相对效率的概念，即一个市场相对另一市场的效率测度。例如，纽约证券交易所相对伦敦证券交易所、期货市场相对现货市场或拍卖市场相对自营商市场。他认为完全市场有效在现实中不可能出现，活跃的流通市场意味着肯定存在获利机会。他引用格罗斯曼等（1980）的研究成果指出，如果市场是完全有效的，即通过信息收集没有利润可赚的话，在这种情况下没有任何理由进行交易，市场最终将崩溃。

相对效率概念的提出使市场效率研究从"检验"步入了"量化"阶段，有助于更明确把握市场效率的实现程度、效率的动态变化程度和趋势，以及对不同市场之间或同一市场不同时期的效率差异进行定量比较。

二、证券市场相对效率评价的基本思路

坎贝尔等（1997）基于物理系统能源利用效率转换比率的原理提出了相对效率测度。活塞发动机 60% 有效意味着发动机中燃料转换了 60% 的能量，其余 40% 未被利用。100% 的能源利用效率转换比率只是一种理想情形和测量基准，关于发动机是否是完全有效的统计测试是没有实际意义的。同样，证券

市场是一个将特定公司的信息转换为股票价格时间序列的复杂系统，市场完全有效也是一个不可能实现的理想情形，但可以作为一个有用的测量基准。因为在一个由理性参与者构成的有效市场中，如果价格可以正确预测，那么它肯定是随机波动的，这个随机过程是一个鞅，即是一个公平博弈概率模型，其中的收益和损失相互抵消，这就是金融经济学的传统智慧。然而，真实的市场价格只反映了收集成本低于其利用收益的信息。另外还有交易成本、内部交易和异质期望，由于这些残留无效常常存在于实际市场中，因此，不应该指望市场绝对有效，但可以将随机有效市场视为一个基准，例如，我们可以说 S&P500 指数具有 99.1% 的效率，而科伦坡证券交易所只有 10.5% 的效率，这意味着相比斯里兰卡股市，美国股市的价格反映了更多的未被有效使用的信息。因此，评估特定的真实市场是否绝对有效是不恰当的，这不是一个非此即彼的问题，相反，效率的测度应该是衡量一个市场偏离理想有效市场的程度，相对效率才是真正重要的。

相对效率的概念提出以后，一些学者分别从不同市场之间的效率计量比较，同一市场不同时期或不同板块之间的效率计量比较，以及信息效率、估值效率等子效率的定量评价问题。所运用的方法可谓丰富多彩，许多适用于定量比较研究的方法被运用于市场效率的测度问题。如数据包络分析（DEA）、随机前沿分析（SFA）、Hurst 指数、算法复杂性理论、Lempel – Ziv 方法、时变 AR 模型等。这些方法的共同特点是可以进行多样本的定量比较，且可以给出量化的效率指标。还可以将效率影响因素纳入评价模型中，如在估值效率评价时可以引入生产函数等。

第四节　本书的主要内容

本书是一部以有效市场假说和相对评价思想理论为指导的证券市场效率研究专著。在系统梳理证券市场效率评价理论方法的基础上，基于坎贝尔等（1997）提出的相对效率思想以及托宾（1987）关于证券市场效率分类评价的思想，主要通过研究"同质"的交叉上市股票在不同市场的价格行为，来研究不同证券市场相对效率评价的方法论问题。并以我国交叉上市股票为例，重点从信息效率和估值效率两个子效率层面，实证研究了中国内地市场、中国香港市场、美国市场之间的相对效率评价、估值模式等其他相关问题。与传统的市场有效性研究法不同，本书主要从两个方面进行了创新探索：一是研究视角从市场收益回归为市场价格；二是从"市场有效性检验"拓展为"市场效率度量"，这将有助于更准确考察证券市场的定价功能以及不同市场效率的实现程度和动态变化趋势，为市场参与者提供更明确的研判依据。

具体来说，本书共分四篇、十三章，各章内容安排如下：

第一篇：总论。

第一章引论，主要介绍了证券市场及其效率概念、证券市场效率的评价原则与基本思路、证券市场相对效率的概念与评价思路。

第二章证券市场效率研究文献综述，分别对证券市场效率各个子效率：信息效率、估值效率、资源配置效率、运行效率以及相对效率研究现状和进展进行了文献回顾，最后进行了综合评述与展望。

第三章证券市场效率评价方法，分别介绍了信息效率、估值效率、资源配置效率、运行效率等各个子效率的传统评价方法。

第二篇：证券市场相对效率评价理论与方法。

第四章相对效率评价的理论基础，从股票定价的绝对机制与相对机制、主流理论对股票定价机制的解释以及股票相对定价机制的再认识三个方面回答了相对效率评价的理论基础问题。

第五章相对效率评价方法，重点介绍了 Lempel – Ziv 指数、时变 AR 模型、股价波动非同步性三种相对信息效率评价方法的基本思想和方法模型；基于 DEA、SFA 的相对估值效率评价方法的基本思想和方法模型，以及基于区间效应测度的市场效率系数和基于有效市场状态时间周期的 Hurst 指数等方法。

第三篇：相对信息效率评价实证研究。

第六章基于价格波动同步性的市场间相对信息效率测度，以 A + H 股交叉上市公司的股价、所处股票行业的指数和所处股票市场的综合指数作为原始样本数据，利用资产定价模型分解法来度量公司个股股价波动的同步性，以此考察了 A + H 股交叉上市公司在两个股票市场中的股价信息效率。

第七章基于交叉上市股票的市场间信息传递效应研究，采用辛格等（Singh，Kumar and Pandey，2009）给出的模型，同时加入同日效应，从收益和波动溢出两个方面研究了同时在中国内地、中国香港和美国三地上市的我国交叉上市股票间的信息传递效应。

第八章基于交叉上市股票信息传递关系的市场间信息效率比较研究，采用协整关系检验和格兰杰因果关系检验方法，实证研究了交叉上市公司在两个证券市场的股票价格之间的关系，考察股价信息的传递方向和传递速度，并且以一个特殊的日期为分界点，考察了前后各一年时间的信息传递关系，印证了信息效率高的证券市场对股价信息的捕获能力更强的事实。

第九章基于时变 AR 模型的市场无效性比较研究，以股票收益的时变自相关系数作为市场无效性程度的度量，运用基于平移窗口法的股票收益自相关系数和基于状态空间模型的时变 AR（1）系数，选择上证 A 股指数、B 股指数、港股指数和 SP&500 指数为样本，实证分析了我国股票市场 1992～2012 年的相对无效性变化，并与美国股票市场和港股市场进行了对比研究。

第四篇：相对估值效率评价实证研究。

第十章基于 DEA 的我国 A、B 股市场相对估值效率比较研究，利用综合要素超效率 DEA 模型，以上海市场 A＋B 股的上市公司为样本，探讨了 A、B 股市场之间相对估值效率的演变趋势。

第十一章基于 DEA 的 A 股市场不同行业相对估值效率比较研究，从相对估值和综合估值要素的视角，基于有效市场中的每一只股票都应得到合理估值的思想，提出了一种能体现相对性、动态性和综合性的 DEA 估值效率模型，并构造了一个市场估值无效指数，并以深交所的行业分类指数为样本进行了实证分析，考察了市场对不同行业的相对估值效率状况，并与传统市盈率指标进行了比较分析。

第十二章基于 SFA 的市场间相对估值效率与估值模式比较，运用 SFA 理论构建股价与估值因素的生产函数关系，基于 SFA 技术效率提出了市场估值效率指数，从相对估值效率的视角，定量测度市场估值效率水平，分析市场估值模式及其演变规律，为市场效率与估值模式的定量研究以及市场间的比较研究提供了新的视角和方法，并以 A＋H 交叉上市公司股票为样本进行了实证研究。

第十三章基于 DEA 的市场间相对估值效率测度，将股票市场视为特殊的输入输出转换系统，通过构建股票价格与各估值要素之间的非参数型生产函数（DEA），定量比较研究不同市场的相对估值水平和相对估值效率。将中国内地与中国香港交叉上市股票视为整体代入 DEA 模型，增强了两市场效率指标间的可比性，构建了市场相对估值水平指数 MVLI 和市场相对估值效率指数 MVEI，将个股估值效率的波动情况 Q 视为判断市场相对估值效率的主要因素，这一分析思想拓展了只注重考虑市场相对估值水平的研究方法，使研究结果更具有实际意义。

第二章

证券市场效率研究文献综述

第一节 信息效率研究文献综述

自萨缪尔森（Samuelson，1965）将公平竞赛的概念引入金融经济学以及法马（1970）提出有效市场假说以来，在过去的几十年里，关于有效市场（主要是市场弱式有效）的理论和实证研究文献浩如烟海，基于历史价格变化的证券收益不可预测性已成为实证研究检验有效市场最常用的标准。

在大量的市场效率检验文献中，被广泛采用的统计工具主要有：序列相关性检验、游程检验、方差比检验、单位根检验和频谱分析，等等。早期研究中，绝大多数文章的实证结论支持有效市场假说，但 20 世纪 80 年代后期以来，随着实证研究中对同一市场研究经常出现相互矛盾的证据，而且出现大量的有效市场无法解释的市场"异象"的报告。此外，还有一些令人困惑的问题，例如，当没有新消息出现时，价格也会反应过度，当期的消息几乎无法解释当期的价格运动等。

围绕检验结论的可信度和"异象"的解释引发了诸多争议，对有效市场假说立论基础的反思与批评日渐增多。概括起来主要有三点：

（1）弱式效率的检验结果无法深入认识同为弱式效率市场之间的效率差异，而且由于各种检验方法的局限性和样本选择的主观性，往往导致对同一市场的检验结论不同，使得市场效率研究仍然停留在经验研究的水平上。

（2）基于有效市场假说无法解释实际存在的众多"异象"，如"股权溢价之谜"、"波动性之谜"、没有新消息出现时价格也会反应过度、当期的消息几乎无法解释当期的价格运动，等等。

（3）无套利原理和投资者理性预期的假设与证券市场的实际情况不符

（行为金融理论证明了"投资者有限理性或非理性"和"投资者行为异质性"）。

部分学者认为有效市场假说的悖论是：如果每个投资者都认为市场是有效的，那么市场就不会有效，因为没有人会去分析证券。实际上，有效市场依赖于相信市场是无效的并买卖证券，以便战胜市场的市场参与者。

另一种观察到的理论和现实市场之间的差异是：在极端市场情况下，价值学派可能会认为非理性行为是一种行为模式：在牛市的后期阶段，市场是由买家推动的，他们往往忽视证券的内在价值。而当牛市接近崩溃结束时，市场进入快速下跌，参与者为了快速脱身，往往无视手中证券不可多得的价值。尽管从理论上讲，理智的参与者会立即采取反向操作趁机利用由非理性参与者人为造成的过高或过低的价格，但总的来说，这不足以防止来自市场演进中的泡沫和崩溃。可以推断，许多理性的市场参与者都意识到了极端情况下的非理性，都愿意让非理性的市场参与者推动市场走得更远，只有当他们有更充足的理由时才会利用这种价格，此时市场将恢复其公允价值。牛市和熊市中股票估值（如远期市盈率）的巨大差异充分说明了这一点。

行为金融理论则证明了"投资者有限理性或非理性"、"投资者行为异质性"、"市场非有效"等更普遍的市场特征。在实践中，证券市场并不总是有效。精密的分析有时可以预测价格运动或识别哪些目前被低估或预计未来将增加价值的资产，这就是为什么很多投资者和投资经理认为他们可以选择跑赢大市的资产。但是，证券市场存在一个通过市场参与者之间的价格竞争和挖掘任何套利机会使市场趋于有效状态的自然机制。例如，如果市场无法即时或至少是快速地反映所有特定时间点的相关信息价值，那么，发现被错误定价股票的能力是有价值的，因为某些经济行为主体（特别是那些拥有内幕信息的人，如新合同信息或预期收入变化信息）可以在任何新信息的到来时占据主动。随着越来越多的专业投资者和金融分析师采取这些利用价格差的套利操作，投资者之间的价格竞争将迫使股票价格回归到其有效价格水平。因此，在均衡状态下，获利机会被消除，几乎所有投资者基于新信息交易的盈利都不可能抵消交易成本。在这个阶段，新信息被认为是完全反映到股票价格中，市场是有效的。这种收敛机制通过市场获得新信息而得到了反映，快速收敛的前提是市场流动性好、规模大，且信息是自由流通和无成本的，但实际情况往往并非如此。

对有效市场假说及其弱式效率检验方法持否定意见的代表性文献主要有：彼得斯（1999）在《资本市场的混沌与秩序》中证明了资本市场是分形市场，

他认为大多数资本市场价格走势实际上是一个分形时间序列，分形时间序列是以长期记忆过程为特征，它们有循环和趋势双重特征，信息并没有像有效市场假说所描述的那样会立即被反映在价格中，而是在收益率中体现为一个偏倚。格伦沃德等（Groenewold et al.，2003）认为股市自由化可能会导致信息效率低下，原因是越来越多的投资者和更多的信息不对称可能加大股价偏离基本价值。此外，资本自由流动的高流动性可能会成为一种市场效率的障碍，因为它容易产生投机性泡沫，市场参与者在自由化后的非理性的行为（羊群效应、投机交易等）可能同样加剧阻碍或减缓效率收敛的过程。李（Li X－M，2003）、杰佛瑞斯和史密斯（Jefferis and Smith，2005）等证明市场效率具有时变性的特征。格里芬等（Griffin et al.，2006）利用方差比率和市场延迟测度表明在发达国家市场存在更大的随机游走定价偏差，传统弱式效率测试由于不能控制信息环境而可能产生错误的结论。亚历山德罗斯（Alexandros，2007）认为法马（1970）关于市场效率的定义及其统计检验方法给读者造成了将收益可预测性统计检验结果直接等同于市场有效性的误导。黄长征（2007）在《价值认知原理与金融市场价格操纵》指出：人类认知的基本问题是避免指数爆炸，基本策略是利用低维的模拟环境对高维的本体事物进行动态仿真。由于认知能力资源的有限性，认知效能与认知成本始终是一对难解难分的矛盾。这一矛盾反映在价值认知问题上，不可避免地存在完备性冲突与路径依赖、价值泡沫与价值压抑、可视化（伪）均衡与群体共振等种种严重而又不可避免的问题。另外，金融市场就其制度本质而言，又是对各种问题或矛盾的变形器：这种变形可能是放大的或缩小的，增压的或减压的。因此，即使没有操纵者的存在，金融市场的价格波动也会因这些矛盾的放大、缩小而显得比实体商品市场更为剧烈。弗拉基米尔（2008）认为市场对突然出现的信息的反应方式也许是有效市场假说的最明显的缺陷，如央行对利息率变动的突发新闻事件并不会立即采取反映到股票价格中，而是造成了周期从数小时至数月持续的价格变动。

面对众多的质疑，法马（1991）修正了自己的观点，他指出：效率检验的充分性有三个条件：

（1）在证券交易过程中没有交易费用；

（2）所有可得到的信息无偿地提供给所有的市场参与者；

（3）所有投资者对于信息具有相同的解释，显然这些条件与现实市场不符。

他同时指出：因为对市场有效性的检验必须借助于有关预期收益模型（如CAPM、APT等），如果实际收益与模型得出的预期收益不符，则市场是无效的。因此，这是一个共生的反射性问题，市场有效性必须和相关的预期收益模型同时得到证明，这就陷入了一个悖论：预期收益模型的建立以市场有效为假定前提，而检验市场有效性时，又必须先验地假设预期收益模型是适用的。以CAPM 和 APT 为例，如果市场有效性不成立，CAPM 和 APT 就不能成立。但是，反过来看，如果 CAPM 和 APT 导出的结论与市场有效性不符，并不能就此否定市场有效性的存在，因为 CAPM 和 APT 本身作为市场有效性前提假设的一个推论有可能是错误的。因此，他承认市场有效性是不可检验的。法马（1998）进一步指出：现有金融手段无法验证到底是资产定价理论有错误还是市场是无效的。

关于半强式效率检验。一般认为，利用事件研究分析股票市场半强式效率的关键是需要找到和检验不能传递新增信息的事件。按照传统的事件研究方法，部分实证研究文献认为美国、英国、日本等成熟市场达到了半强式效率。我国学者的研究证明中国市场未能达到半强式效率，如范旭东（2010）利用股权分置改革导致的非流通股解禁事件进行的超额收益率检验研究。半强式效率检验的关键在于确定特定事件是否会产生超额收益，即实际收益率与按模型估计的正常收益率之差额。由于超额收益的确定有赖于收益模型的假设，因此，半强式效率检验面临着与弱式效率检验类似的问题，此外，以少数个体事件推断市场效率状态的说服力不强。

关于强式效率检验。由于强式效率市场有着极其苛刻的条件，即内幕信息不能带来超额收益。这意味着专业投资者或内幕人士获得新信息的同时，股票市场价格立即反映这一信息的价值。大量的实证研究结论表明，不仅在新兴市场利用内幕信息可以获取超额收益，成熟市场的事先获知内幕信息也是可以获取超额收益的，说明发达市场也无法达到强式效率。理由很简单，公司代理者等内幕人士是公司信息的加工者和发布者，新信息从产生到向市场发布客观上存在难以消除的时差，即使市场可以立即反映新信息的价值，内幕人士也可以利用新信息的时差达到谋利的目的。因此，经济学家普遍认为，没有任何一个证券市场具有强式效率。如果市场具有半强效率，那么，从实际应用的角度而言，市场就是有效的。

总之，截至目前，没有人能总结清楚有效市场假说到底有多少争议。有效市场假说和行为金融学支持者之间的争辩仍在进行，而且永远不会结束。

第二节　估值效率研究文献综述

公司内在价值评估的经典方法包括公司未来现金流或盈利贴现模型、账面价值或清算价值法等绝对评估法以及参照同类公司或市场的市盈率、市净率等相对估值方法。实践证明，利用这些方法估值均面临"未来不确定性"或"环境差异"的难题，因此，绝大多数情况下，实际股价都不按"内在价值"水平上下波动。历史证据表明，市场内股票价格波动远比其内在价值的波动要大得多，以标准普尔 500 为例，其市盈率在过去 90 年中的波动幅度高达 8 倍（最高市盈率超过 40 倍，最低 5 倍）；同质股票（内在价值相同）的交叉上市（或交叉上市）普遍存在估值溢（折）价现象；当期信息几乎无法解释当期的股票价格运动，这些"波动性之谜（volatility puzzle）"与"股权溢价之谜（equity premium puzzle）"使建立在无套利原理和理性定价基础上的有效市场假说（EMH）理论体系面临严峻的挑战。

虽然许多文献从完善估值模型方法的角度进行了探索（Ohlson，1995；Shiller，2005；Bakshi and Chen，2005；Peter et al.，2007），但效果并没有多大的改善，观察到的股票价格严重偏离内在价值估值的现象非常普遍，这种情形究竟是市场无效，还是估值本身有问题，几乎无人能够说清楚。哈维（Harvey，1995）认为股票定价（市场估值）非常复杂且随时间变化，正确认识股票价格的决定机制以及在定价过程中系统考虑股票基本面以外的其他变量是一个具有重要价值的问题。

坎贝尔等（1997）认为预期收益具有时变特征，股票价格和收益呈非线性关系，在这样一个研究领域中，只研究收益而忽视价格是不恰当的，回归价格行为研究不失为正确的方向。艾伦（Allen，2004）认为股票价格变动可能由基本面以外的市场动态力量而产生。董直庆等（2004）认为流动性因素导致了股票价值增值，使股价必然超过其内在价值。

传统的估值效率研究主要集中在实际股价偏离内在价值的程度上。普遍的方法是通过比较实际股价与内在价值的差异或者比较实际市盈率与标准市盈率的差异来判断市场是否存在过度估值的问题，有关理论及实证研究文献众多。代表性的有席勒（Shiller，1981）、李（Li K.，2002）、刘熀松（2005）等。由于对内在价值的测度方法和市盈率标准存在争议，且对一些市场长期偏离市盈率标准的实际状况（如新兴市场以及某些成熟市场）难以解释，事实上，关于估值效率的研究结果存在较大争议（如关于新兴市场的高市盈率和是否具有投资价值等问题），传统的估值效率评估方法并没有给投资者提供多少有价值的信息，有时甚至产生误导。董直庆等（2004）认为，CAPM 模型由于本身以市场有效、无套利机会为前提，实际上否定了价格与价值的偏离（否则就有套利机会），因此，对市场价格和内在价值的偏离问题无能为力。

　　文献检索表明，少数学者开始采用新思路来研究估值效率问题，如李（2002）利用国家宏观经济和金融特征指标（价值要素）构建了一个随机生产前沿估值模型，将距离前沿的偏差作为市场估值无效的测度，并运用 32 个发达国家或地区和发展中国家或地区在 1974~1997 年的股市数据研究表明，在发达国家或地区市场中，澳大利亚、加拿大、美国、中国香港和新加坡具有最高的估值水平，马来西亚在发展中国家或地区主要股市的估值水平最高。钱等（Chan et al. , 2007）同样基于随机前沿方法提出了通过相对比较测度上市公司估值效率的模型（高估值效率意味着公司相比所有上市企业更能够实现前沿定价），并对美国上市的 IPO 公司全球发行价格的估值效率进行了实证研究，发现全球 IPO 公司的估值效率超过了国内首次公开募股的 3.1%。阿雷茨（Aretz et al. , 2010）通过一组宏观经济因素（经济增长的预期、通货膨胀率、总存活率、利率期限结构、汇率）与股价波动的多变量分析发现，大多数宏观经济因素得到了定价，估值有效。

　　综合来看，实际股价偏离内在价值作为一种市场常态，传统的市盈率评估方法或是基于风险因素的单因素或多因素资本资产定价模型都难以解释。笔者认为这可能是估值方法不当和市场无效共同所致。根据托宾（1987）给出的定义，基本估值效率是资产价格反映其真实经济价值的程度，这种真实经济价值是否只是由公司基本面（股息）决定的内在价值呢？事实证明，影响股票价值的要素除了公司基本面要素以外，还受到环境要素影响，如宏观经济要素、市场供求要素以及其他类比要素等，这些要素产生了各种溢酬，如"规模溢酬"、"风险溢酬"、"流动性溢酬"等，这些要素在传统内在价值计算模型中无法得到反映，但事实上它们与传统的内在价值一起共同决定了虚拟资产——股票的经济价值，这是投资者真正关心的股票基础价值。因此，基于综合要素估计股票经济价值（绝对价值（内在价值）+ 相对价值）的相对估值效率比传统价值评估（内在价值）的估值效率研究更贴近实际。然而，已有成果主要从相关性的角度证明了公司基本面以外的要素对估值的影响，却没有回答如何把这些要素统一纳入到估值模型中以及市场估值效率的评估方法。

第三节　资源配置效率或功能效率研究文献综述

　　从文献检索结果看，现有对资源配置效率的研究主要是从上市公司生产效率的角度间接进行测度，无法直接从市场本身进行计量。一种方法是用各行业的资本边际产出率的差别程度来判断一国的资源配置效率。如古普塔等（Gupta et al.，1996）通过评估金融管制事件前后各行业的资本边际收益的动态变化来考察资本配置效率。这种方法的局限性表现在：首先是生产函数的选择将直接决定所计算的行业资本边际产出率的准确性；其次是只能考察某项措施实施后，资源配置效率是否得到提高，而无法给出资源配置效率的具体数值；最后，还需要排除影响配置效率变化的其他因素，如银行系统的效率等。另一种方法是以 Tobin - Q 理论为出发点，研究在同一个股票市场上资源在不同行业之间的转移问题，通过考察资源是否由未来收益较低的行业流向了未来盈利能力较高的行业，来解释股票市场的资源配置是否有效率。如阿卜杜尔等（Abdul et al.，2005）。杰弗里等（Jeffrey et al.，2000）认为金融体系资源配置效率的提高意味着在高资本回报率的行业（项目）内继续追加投资，在低资本回报率的行业（项目）内适时撤出资本。这样，就可以用资本对于行业（长期）盈利能力的敏感性，作为衡量社会资本的配置效率的主要指标，并首次提出了基于利润导向的资本配置效率计量模型。此外，还有以委托—代理理论依据，从交易制度、信息披露制度、公司治理、投资者构成、股权结构的视角研究资源配置效率。王锦慧（2010）运用杰弗里等（2000）方法分别计算出中国股票发行市场和交易市场的资源配置效率值，并在此基础上对中国股票市场资源配置效率与经济增长的关系进行实证分析。结果表明，我国股票市场资源配置效率，无论是股票发行市场还是股票交易市场的资源配置效率与经济增长均不显著相关；无论股票发行市场还是股票交易市场效率与经济增长之间均不存在因果关系；在一阶条件下，无论是股票发行市场还是股票交易市场效率与经济增长之间均不存在因果关系；但在二阶条件下，经济增长对股票发行市场和股票交易市场的效率影响作用在统计的显著性上大大增加等重要结论。

　　总体上看，现有方法还只能是通过综合研究一国的配置效率来间接推断证券市场的配置效率，无法直接进行测度。

第四节　运行效率研究文献综述

欧哈拉（O'Hara,1995）认为，运行效率是指证券市场的交易执行效率，即证券市场能否在最短时间内以最低的成本为投资者执行交易。它反映了证券市场内部的组织功能和服务功能的效率。主要体现在三个方面：

（1）流动性。指投资者在既定的价格水平下进行交易的确定性和执行速度。它可由四个指标来度量：市场宽度（指交易价格偏离市场有效价格的程度，即投资者支付的流动性溢价）、市场深度（指在不影响当前价格条件下的成交数量）、市场弹性（指由交易引起的价格波动消失的速度，或者说委托簿上买单量与卖单量之间不平衡调整的速度）、市场及时性（即达成交易所需要的时间）。

（2）低成本性。指投资者为完成一笔交易而支付的显性费用和隐性成本较低，其中，显性费用包括佣金、印花税等，而隐性成本则主要指由于大宗交易引致的股价不利变化所支付的时间成本，即提高买价或降低卖价以求全部成交。

（3）透明性。指有关股票交易的信息被公开披露的程度。

就交易后透明性而言，做市商只有在价格信息保密的情况下才愿意报出较小的买卖价差，因为做市商可以利用这些信息在随后的交易中获利。在开盘阶段，由于相关信息没有充分扩散，交易后信息的不透明有利于吸引做市商相互竞争，提高市场的流动性，随着交易的进行，更多的信息得到了扩散，做市商失去了强烈竞争的诱因，流动性也随之下降。因此，提高交易后信息的透明性将降低开盘阶段的流动性。林恩斯（Lyons,1996）认为，提高交易后透明性虽然可以使投资大众实时地获知交易信息，也会因此减少噪音交易的出现，使做市商在大宗交易中所承受的风险无法转移出去，缩小了其管理存货风险的空间。因此，做市商将会增大买卖价差以弥补可能的损失。另有一些人士认为，大宗交易价格只反映了临时的价格变化而非永久的价格变化，因此，延迟公布大宗交易信息并不会使投资者处于信息劣势。与之相反，反对延迟公布大宗交易信息的一方则指出，价格压力和流动性是供需变化的结果，将价格区分为临时变化和永久变化是没有意义的。

就交易前透明性而言，格罗斯顿（1999）的实证研究表明，对交易指令信息的揭示便利了做市商与他人交易，从而促进了在买卖价差方面的竞争。另有一些研究则比较了交易前透明性与交易后透明性的相对重要程度。格罗斯顿（Glosten，L. R.，1999）的实证研究考察了三个不同信息环境下的透明性效应，即：市场透明、做市商的报价和交易信息公开揭示；市场半透明、交易信息不揭示；市场不透明、交易和报价信息均不揭示。他们发现，交易信息的揭示比报价信息的揭示更为重要，使价格更具有信息效率，但同时也降低了做市商竞争交易指令流的动力，使买卖价差增大。

　　国内一些学者从信息披露制度、信息透明性以及信息不对称对我国股票市场流动性的影响进行研究。王艳（2006）采用非参数方法，以交易的信息环境和交易规模作为不对称信息的度量，考察了中国股票市场信息披露的价格和流动性效应。董锋和韩立岩（2006）认为透明度提高之后，市场的流动性明显上升，交易成本和市场波动性则显著下降，市场的信息传递效率也有所提高，从而提高了市场质量。

　　就市场透明性与波动性的关系而言，主要是指交易前的市场透明性与市场股价的波动性的关系，主要有以下两种观点：透明性提高之后，交易者能够观测到更多的交易信息，所以其买卖报价会更加合理，股票价格也会更加接近其内在价值，导致市场的波动性降低。此外，由于大量的交易者都提交较为合理的报价，那么，市场深度会增大，也会为价格的稳定提供一定的保障。透明性的提高也会给波动性带来负面影响。在股市透明性较低的情况下，当市场中出现新的信息时，由于知情交易者较少，当知情交易者可以利用其私人信息与不知情交易者进行交易并获取利益，结果股票价格会比较缓慢地趋向其内在价值。而透明性提高之后，由于信息传递速度的加快，当市场中出现新的信息时，股票价格会较快地趋向其内在价值，导致市场的波动性增大。还有观点认为提高交易前透明性对市场波动性影响不大。格罗斯顿（1999）的实证比较了报价披露和交易披露对波动性的不同影响，发现作为交易前透明性主要内容的报价披露对证券市场的波动性没有影响。

　　根据有效市场假说，在一个信息有效的市场上，股价将反映所有的相关信息。因此，如果提高市场的透明性，那么，市场参与者可以从买卖交易指令等数据中推断相关信息，使得价格最大限度地反映相关信息，提高价格的信息效率。马达范（Madhavan，1992）比较了不同交易机制下交易前信息透明性对信息效率的影响。在报价驱动机制下，投资者直接与做市商进行交易，而在指令驱动机制下，投资者必须先提交指令，然后才能决定成交价格。从这一角度看，报价驱动市场的交易前透明性更高，从而价格效率也更高。格罗斯顿（1999）实证分析了不同市场结构下交易前透明性对信息有效性的影响后发现：在透明较高的市场结构下，所有报价被公开和迅速揭示，此时，做市商的搜寻成本将会降低，其报价调整的积极性也随之降低，从而延迟了价格发现。而在不透明的结构下，报价不被公开揭示，做市商将积极进行报价调整，从而提高了信息有效性。马达范（1992）认为透明性的提高对市场价格的信息性有正面影响，但它对市场波动性、流动性、交易成本的影响则因市场特质而异。唐静武（2010）的实证研究结果表明，中国股票市场透明性的提高显著地增加了市场的流动性，降低了市场的波动性和交易成本。信息的扩散和反映效率也得到了比较明显的改善，从而提高了市场整体运行效率。

弗罗因德等（Freund et al.，1997）认为，考察运行效率的基本方法是研究投资者买卖竞价差异程度以及对特定证券发行的交易特征调整情况等。总体来看，目前对运行效率的研究主要局限于影响因素的探讨方面，对运行效率的计量研究尚没有公认范式和方法，也难以得出一个综合的量化测度指标。

第五节　相对效率研究文献综述

自坎贝尔等（1997）提出相对市场效率概念后，关于相对市场效率的测度方法引起了部分学者的关注，并从多种视角进行了探索。

卡茹埃鲁和塔巴克（Cajueiro and Tabak，2004）提出了一个通过比较所选择市场在样本期间内偏离有效市场状态的总时间周期来评估市场相对效率的有益框架。即运用滚动样本方法计算 Hurst 指数，以测试长期可预测性是否存在，结果发现 Hurst 指数随着时间变化而变化，运用滚动计算的 Hurst 指数的中位数对亚洲股市进行了效率排名，发现中国香港最有效，紧随其后的是上海A 股、深圳 A 股、新加坡、上海 B 股及深圳 B 股市场。

MA（2004）提出了一种利用日收益数据序列的相关测试计算相对效率的方法，即通过比较滞后一期的零序列相关系数与其他研究中获得拒绝的百分比评估市场的相对效率，他发现中国股市甚至比许多成熟市场更有效率。

易荣华等（2004）基于 DEA 提出了测度市场自身相对效率变化的初步框架，并对我国 B 股市场的效率演变进行了实证研究。

林等（Lim et al.，2006）提出了另一种利用非线性相关评估股票市场相对效率的统计工具，其方法与卡茹埃鲁和塔巴克（2004）类似，即利用一个双相关检验统计量（H 统计量）测试非零双相关的存在，这实际上是一个本期收益率与前期收益率之间的自相关系数。

　　埃文斯（Evans，2006）提出用方差比的绝对偏差作为评估三个英国期货市场在交易自动化前后时期的相对信息效率的测度。林等（2007）采用固定长度的样本期间在滚动样本框架内计算 H 统计量，每次观测移动一次，每个阶段计算的 H 统计量反映由于新信息或其他相关因素的变化导致的过程行为变化。因此，H 统计量不仅能捕捉到市场效率随时间变化的演化，而且还提供了股票市场效率排序的指标。

　　吉利奥（Giglio，2008）利用算法复杂性理论（Algorithmic complexity theory）提供的效率解释，通过计算 Lempel – Ziv 复杂性指标，基于未被有效使用转化为证券价格的相对信息数量进行效率评级，并用这种方法对 36 个证券交易所和 37 只公司股票按照相对效率进行了排序。

　　伊藤等（Ito et al. , 2009）采用时变 AR 模型计算卡尔曼滤波的 AR 系数估计随时间变化的股票收益自相关数，并将其作为市场无效程度的测度，考察了美国股市 1955 ~ 2006 年的相对无效变化情况。

　　吉利奥（2010）使用从圣保罗证交所收集的高频数据，按照算法复杂性理论给出的解释评估股票的相对效率，并进行了 Lempel – Ziv 指数相对稳定区域 SR、窗口大小和步幅大小的敏感性分析。

第六节　综合评述与展望

　　按照有效市场假说，当证券市场信息有效时，每笔交易都会产生一个傻瓜（非买方即卖方），但投资者仍然趋之若鹜，不畏风险，其魅力正在于作为一个复杂社会经济子系统的博弈市场，其内部机制的复杂性、权变性和结果的不确定性。弗拉基米尔（Vladimir，2008）认为有效市场依赖于相信市场是无效的并买卖证券，以便战胜市场的市场参与者。投资者的信息价值认知标准会因为外部环境、市场内部力量对比、羊群效应等的变化而变化，并重新挖掘、评估已有信息的价值。对于这样一个复杂市场，尤其是证券市场国际化背景下的市场效率研究，任何简单化、片面化、绝对化、静态孤立化的研究思路都是不合适的，笔者认为，证券市场效率及其研究方法将表现出以下趋势：

　　（1）有效市场假说的立论基础是收益是投资机会的一个不受规模限制的完整概括、收益是对风险的补偿以及预期收益服从正态分布，从而将复杂的证券价格问题转换为风险测度问题。但越来越多的证据表明，预期收益具有时变特征，股票价格和收益呈非线性关系，这就意味着具有稳健数理基础的现代金融理论体系存在假设错误，在这样一个领域中，只研究收益而忽视价格是不恰当的，回归价格行为研究不失为正确的方向。

（2）绝对效率观有违市场复杂性和投资者的认知决策模式，市场的复杂性与人类认知能力的有限性决定了投资者决策时必须对高维的市场行为进行降维处理，因此，相对效率观通常是投资者的现实选择。全有或全无不是市场有效的一个条件，有效与无效随着时间的推移不断地发生周期变化交替却是市场的特点。因此，重视动态、相对市场效率研究无疑将是未来的趋势。

（3）将市场效率研究局限于信息效率及其市场有效性检验是不合适的，功能效率和估值效率对于市场有效性和投资决策研判具有重要的作用，但功能效率和估值效率测度方法研究并未引起足够重视。此外，市场效率研究不能满足于得到一个有效与否的结论，应该致力于获得更多的效率改进和决策信息。从纵向和横向比较的视角，加强市场子效率的研究，有助于深入了解市场之间的效率差异、不同时期的市场效率变化以及如何使市场变得更有效，这对于新兴证券市场尤为重要。

（4）交叉上市股票价格的巨大差异并不能仅从信息效率上做出合理解释，无数事实证明，公司财务指标以外的因素影响到了定价，并产生了各种溢酬，如"规模溢酬"、"流动性溢酬"等。这些溢酬在传统的估值模型中无法体现，但事实上它们与传统的内在价值一起共同决定了虚拟资产——股票的经济价值（交换价值）。对估值效率的研究应该突破仅仅考虑公司基本面指标的传统思路，致力于探讨更加全面地考虑公司基本面以外的多种估值因素，从绝对价值和相对价值双重视角开展综合估值方法及市场估值效率研究。

（5）由于现阶段关于相对市场效率的研究方法大多是以是否存在超额收益或收益自相关程度为标准来测度市场效率，如 Hurst 指数、H 统计量、Lempel - Ziv 指数、AR 系数等，虽然得到了一个量化的市场效率指标，但所描绘的仍然是信息相对效率，且从这些相对效率指标中无法进一步分析市场无效的影响因素，无法改进对股票价格行为的理解。未来的市场效率研究有必要突破有效市场假说的信息效率框架，加强对估值相对效率、功能相对效率乃至运作相对效率等子效率测度方法的研究，目的是在得到量化的市场效率指标的同时，获得更多的改进市场效率的相关信息。

（6）市场效率与经济效率之间的关系也是一个值得深入探讨的问题，从帕累托有效经济性的视角研究证券市场效率的测度方法将提升效率研究结果的应用价值。

　　总之，近年来，非线性、时变性、复杂性及行为金融等多视角的证券市场效率研究使这一领域的研究呈现出新的活力。特别是，随着世界经济一体化和证券市场国际化的发展，尤其是交叉上市公司的大量出现为证券市场相对效率研究提供了新课题与新视角。

第三章

证券市场效率评价方法

第一节 信息效率评价方法

信息效率评价方法主要是围绕有效市场假说的三种有效形式的检验来进行的。

一、弱式效率检验

弱式有效市场假说认为，市场价格已充分反映出所有过去历史的证券价格信息，包括股票的成交价、成交量，卖空金额、融资金额等。因此，过去、现在和未来的价格变化之间是没有联系的，价格变化是随机的、相互独立的，投资者不能从股票价格的历史数据中发现任何能识别和利用的规律来预测未来的变化以获得异常收益，市场的技术分析无效。主要的检验方法如下：

1. 序列相关性检验

弱式有效市场假说强调证券价格的随机游走，股价数据之间是相互独立的，不存在任何可以识别和利用的规律。检验股票价格数据间的独立性，从统计检验的角度说，就是检验股价数据间的"自相关性"。如果不同时点的股价之间不存在显著的序列自相关性，则可认为股价数据是相互独立的，股票市场是弱式有效的。

在序列相关检验时用到的回归模型为：

$$R_t = \alpha_0 + \beta_i R_{t-i} + \varepsilon_t, \ (i = 1, \ 2, \ \cdots, \ n) \tag{3.1}$$

其中，R_t 为 t 时期证券价格 P_t 的对数收益率，α_0 和 β_i 为相应的截距和斜率，ε_t 为随机误差项，i 为和 t 时期的滞后数。

　　由于证券价格时间序列上的相关性检验仅仅是对滞后各期之间的相关性进行的检验，因此，在实证分析的时候有必要对总体的相关系数进行联合检验，一般是运用 Box - Ljung 修正检验统计量，即为：

$$Q(k) = n(n+2) \sum_{m=1}^{k} \frac{r_m}{n-m} \tag{3.2}$$

　　Q 服从卡方分布。如果 Q 值大于临界值，那么被检验的时间序列从总体上显示相关系数显著异于零，表明证券价格在短期的走势上有一定的相关性，前期和后期的走势不是随机的，有一定的可预测性。反之，市场是不可预测的。

　　在实际应用中，由于异常值的出现会对回归模型产生一定的影响，因此，序列相关检验的结果存在着误差，这种检验方法并不能消除异常值的干扰。例如，自然灾害、金融危机等随机因素的影响，往往持续多个时期，使得随机误差项呈现一定的相关性，但这并不能表明证券市场是非随机的，即市场是无效的。而且，由于序列相关检验要求证券收益序列的随机误差项满足独立同分布的特征，这样的要求往往很难达到。

2. 单位根检验

　　单位根检验不仅能够区分经济时间序列是否为平稳过程或单位根过程，而且能够从非平稳时间序列中，区分趋势平稳或单位根过程。如果单位根检验表明至少存在一个单位根，则随机游走过程是非平稳的，非平稳过程是随机游走过程的必要条件，而且，一般而言随机游走的一阶差分是平稳的，单位根检验是随机游走过程的必要条件。因此，可以首先检验股票价格是否遵循单位根过程：如果它不服从单位根过程，我们可以推断随机游走假设也不成立，股票价格变化具有确定的时间趋势，投资者可通过对历史数据的统计分析预测未来的股票价格变化，市场不是弱式有效的；如果股票价格服从单位根过程，我们再进一步检验它的增量过程是否具有相关性。如果市场是弱式有效的，那么，股价的历史时间序列数据应服从随机游走过程，也就是说，股价的增量过程在时间序列上应该是不相关的。

　　单位根检验是针对宏观经济数列、货币金融数据序列中是否具有某种统计特性而提出的一种平稳性检验的特殊方法。在计量经济学中，如果有：

$$x_t = \rho x_{t-1} + \mu_t \tag{3.3}$$

　　其中，$\{\mu_t\}$ 为一平稳过程，并且 $E(\mu_t) = 0$，$\mathrm{cov}(\mu_t, \mu_{t-s}) = \mu_s < \infty$，$s = 0, 1, 2, \cdots, n$。当 $\rho = 1$ 时，这样的随机过程就是单位根过程，序列 $\{x_t\}$ 存在一个单位根。

　　与随机游走模型相比较可以看出，随机游走模型是单位根过程的特例，因此，它经常与随机游走假设的检验相混淆。单位根检验的方法有很多种，包括

DF 检验、ADF 检验、PP 检验、NP 检验等，其中最常用的是 ADF 检验。下面主要介绍 ADF 检验的思想。

ADF 检验是 DF 检验的扩展，DF 检验是 Dickey – Fuller 单位根检验的缩写。在 DF 检验中，存在着这样的假设：误差项 ε_t 不是相关序列。但是大多数经济数列不能满足此假设，所以，我们希望在 ε_t 是相关序列时也能进行单位根检验。扩展的 DF 检验（ADF）能弥补这一缺陷，它是在原方程右边加入了一些滞后项，保证单位根检验模型时具有白噪音 ε_t，即

$$\Delta x_t = (p-1)x_{t-1} + \sum_{i=1}^{p} \theta_i \Delta x_{t-i} + \varepsilon_t \tag{3.4}$$

该方程记为模型 1. 其中，p 是滞后项的数目。

如果加入常数项，则为模型 2：

$$\Delta x_t = \alpha + (p-1)x_{t-1} + \sum_{i=1}^{p} \theta_i \Delta x_{t-i} + \varepsilon_t \tag{3.5}$$

如果对模型 2 加入时间趋势项，即为模型 3：

$$\Delta x_t = \alpha + \beta t + (p-1)x_{t-1} + \sum_{i=1}^{p} \theta_i \Delta x_{t-i} + \varepsilon_t \tag{3.6}$$

ADF 检验的顺序是先对模型 3 进行单位根检验，再对模型 2 进行检验，最后对模型 1 进行检验。在检验某模型的过程中，只要单位根的假设被拒绝，就不再对剩下的模型进行检验。若通过了 ADF 检验，则说明存在单位根，证券市场是弱型有效的，反之，证券市场是无效的。

值得注意的是，尽管单位根过程包含了随机游走模型，但是两者研究的侧重点不同，前者研究的重点是当期价格对未来价格是永久性影响还是暂时性影响，后者研究的重点是当期价格能否预测未来价格。因此，王远林（2008）认为使用单位根检验的方法来检验证券市场的有效性是不适当的。

3. 游程检验

游程检验是利用游程的总个数判断样本随机性的统计方法，它从考察证券价格变化的正负方向入手。游程是指具有相同时间或符号的连续部分，证券价格连续性地单向运动就是一个游程，因此，理论上存在三种游程形式：上升游程、下降游程和零游程。但是，在实际中，零游程出现的概率很小。

定义总游程数 S 的均值和方差 σ_S^2 为：

$$E(S) = 1 + \frac{2N_1 N_2}{N} \tag{3.7}$$

$$\sigma_S^2 = \frac{2N_1 N_2 (2N_1 N_2 - N)}{N^2 (N-1)} \tag{3.8}$$

其中，N 为证券价格变动的总天数，N_1 和 N_2 分别为证券价格上升和下降的天数。

构造检验统计量 K：

$$K = [S - E(S)]/\sigma_S \qquad (3.9)$$

当 N 足够大时，K 近似于服从标准正态分布。设双尾概率为 P，置信度为 α，如果 $2P > \alpha$，则认为样本是随机的，证券价格不会出现某种可预测或者是可统计的确定趋势，反之是非随机的，证券价格可能会出现可预测的特定趋势。

游程检验是一种非参数检验方法，适用于非正态分布的样本，但游程检验以独立同分布为假设，而在实际情况中，独立同分布假设对证券的长期价格是说不通的。尽管如此，游程检验相对于其他的统计检验方法，也有自己的优点，例如，游程检验相对于序列相关性检验有两个优点：一是可以避免异常值的干扰；二是不会受到有限方差存在与否的影响。

4. 过滤法则检验

所谓"过滤法则"，是指当某个股票的价格变化突破事先设置的百分比时，投资者就交易这种股票。例如，当某一股票价格上涨 X% 时，投资者立即购买并持有这一股票直到其价格从前一次上涨后下跌 X% 后再卖出。考虑到佣金后这些过滤规则通常不能产生交易利润，这就支持了弱式有效市场检验的范畴。对证券市场的"时间效应"的检验，也属于弱式有效市场检验的范畴。如果市场存在"周末效应"，即证券市场中一周内各交易日收益率存在差异。如周一的股价较低，周五的股价达到最高，这样，若周一购买后在周五售出，则可获得一定的异常收益。同样的还有"年末现象"，在年底股价下降，年初有迅速回升，因此，年末买入后在来年年初卖出，也可获得一定的异常收益。如果上述两种现象存在，且异常收益并未因交易费用而抵消，则说明股市未达到弱式有效。再如对某种技术分析指标的检验，选择一个与股票价格变化有关的指标，然后按照这一指标数值的指示决定买入卖出某种股票。如果这种操作策略在扣除风险和交易成本等因素后，能比一般投资者获取较高的收益率，则技术分析有效，对应的是证券市场无效；反之，证券市场的有效性越强，技术分析的有效性越弱。

5. 方差比检验

方差比检验方法是罗和迈肯尼（Lo and MacKinlay）于 1988 年提出的，由于方差比检验有较宽的假设条件——不仅可以用于异方差情形下，而且也不要求正态性假设，这一方法一经提出就受到学者们的青睐，并迅速地应用到证券市场的弱型有效性检验上。它的基本思想可以表示为：

$$q \text{ 期方差比 } VR(q) = \frac{Var(P_{t+q} - P_t)}{qVar(P_{t+1} - P_t)} \tag{3.10}$$

其中 $p_t = \ln P_t$，P_t 为 t 时期的资产价格。

设每个样本含 $nq + 1$ 个观测值 $\{p_0, p_1, \cdots, p_{nq}\}$，其中 q 是任意大于 1 的整数。定义如下估计量：

$$\hat{\mu} = \frac{1}{nq} \sum_{k=1}^{nq} (p_k - p_{k-1}) = \frac{1}{nq}(p_{nq} - p_0) \tag{3.11}$$

$$\hat{\sigma}_a^2 = \frac{1}{nq} \sum_{k=1}^{nq} (p_k - p_{k-1} - \hat{\mu})^2, \quad \hat{\sigma}_b^2(q) = \frac{1}{nq} \sum_{k=1}^{n} (p_{qk} - p_{qk-1} - q\hat{\mu})^2 \tag{3.12}$$

则方差比 $VR(q)$ 的统计量为 $V\hat{R}(q) = \dfrac{\hat{\sigma}_b^2(q)}{\hat{\sigma}_a^2} \tag{3.13}$

为了改善上述统计量有限样本的性质，考虑无偏估计量 $\bar{\sigma}_a^2$ 与 $\bar{\sigma}_c^2(q)$，其中：

$$\bar{\sigma}_a^2 = \frac{1}{nq - 1} \sum_{k=1}^{nq} (p_k - p_{k-1} - \hat{\mu})^2, \quad \bar{\sigma}_c^2(q) = \frac{1}{m} \sum_{k=q}^{nq} (p_k - p_{k-q} - q\hat{\mu})^2 \tag{3.14}$$

其中，$m = q(nq - q + 1)\left(1 - \dfrac{q}{nq}\right)$，并且定义统计量：

$$\overline{VR}(q) = \frac{\bar{\sigma}_c^2(q)}{\bar{\sigma}_a^2} \tag{3.15}$$

罗和迈肯尼（1988）的研究结果表明 $\overline{VR}(q)$ 在有限样本下的特性比 $V\hat{R}(q)$ 更接近相应的极限，所以在应用中可以通过 $\overline{VR}(q)$ 求方差比。在同方差和异方差情形下，方差比检验的标准正太分布统计量分别为：

$$z(q) = \sqrt{nq}(\overline{VR}(q) - 1)\left[\frac{2(2q-1)(q-1)}{3q}\right]^{\left(-\frac{1}{2}\right)} \sim N(0, 1) \tag{3.16}$$

$$z^*(q) = \frac{\sqrt{nq}(\overline{VR}(q) - 1)}{\sqrt{\sum_{j=1}^{q-1} \left[\frac{2(q-j)}{q}\right]^2 \delta(j)}} \sim N(0, 1) \tag{3.17}$$

其中，

$$\delta(j) = \frac{nq \sum_{t=j+1}^{nq} (p_t - p_{t-1} - \hat{\mu})^2 (p_{t-j} - p_{t-j-1} - \hat{\mu})^2}{\left[\sum_{t=1}^{nq} (p_t - p_{t-1} - \hat{\mu})^2\right]^2} \tag{3.18}$$

由于异方差条件和随机误差项的不相关性最符合实际情况，最常用的检验

统计量是 $z^*(q)$。如果 $z^*(q)$ 的值显著异于 1，则证券价格具有随机性的概率越小，市场越可能是无效的。尽管罗和迈肯尼（1988）证明了方差比检验比序列相关检验与单位根检验更加有效，尤其是在异方差情形下，但是方差比检验却依赖统计量渐进正太分布的性质，是一种渐进检验，存在着小样本缺陷，可能会使得检验结果低效。

6. R/S 分析方法

有效市场假说假设市场收益是相互独立且服从正态分布的，但一些学者在对各国股票市场的实际研究中发现，证券投资收益率的分布是非正态的，其方差随时间不断变化，人们对信息的反映不是以线性的方式，而是以非线性的方式做出的。关于中国股票市场的有效性问题，国内许多学者进行了大量研究，得出的基本结论是，我国股票市场存在状态持续性、波动及群星，股价指数所构成的时间序列呈现非线性，证券收益率不服从正态分布。探讨股票市场的非线性，R/S 分析是一种有效的方法。

R/S 分析法是 Hurst 在大量实证研究的基础上提出的一种非参数分析法。该方法的主要思想是：

对于一个时间序列 $\{X_t\}$，将其分为 A 个长度为 N 的等长子区间，对于每一个子区间，设 $X_{t,n} = \sum_{u=1}^{t}(x_u - M_n)$，其中，$M_n$ 为第 n 个子区间 Xu 的平均值，$X_{t,n}$ 为第 n 个子区间的累计离差。令 $R = \max(X_{t,n}) - \max(X_{t,n})$，若以 S 表示 X_u 序列的标准差，则可定义重标极差 R/S，它随时间而增加。Hurst 通过长时间的实践总结，建立了如下关系：

$$R/S = K \cdot (n)^H \qquad (3.19)$$

其中 K 为常数，H 为 Hurst 指数。对上式两边取对数，得到：

$$\log(R/S)_n = H\log(n) + \log(K) \qquad (3.20)$$

对 $\log(n)$ 和 $\log(R/S)_n$ 进行最小二乘法回归就可以估计出 H 的值。

由此，现在对未来的影响可以用如下的相关性公式表示：

$$C = 2^{(2H-1)} - 1 \qquad (3.21)$$

其中 C 为相关性度量。

当 $H = 0.5$ 时，$C = 0$，时间序列是标准的随机游走，收益率呈正态分布，可以认为现在的价格信息对未来不会产生影响，即市场是有效的；当 $0.5 \leq H \leq 1$ 时，$C > 0$，存在状态持续性，时间序列是一个持久性的或趋势性增强的序列，收益率遵循一个有偏的随机过程，便宜的程度有赖于 H 比 0.5 大多少，在这种状态下，如果序列前一期是向上走的，下一期也多半是向上走的；当 $0 \leq H \leq 0.5$ 时，$C < 0$，时间序列是反持久性的或逆状态持续性的，这时候，若

序列在前一个期间向上走，那么下一期多半向下走。在对周期循环长度进行估计时，可用 V_n 统计量：

$$V_n = (R/S)_n / \sqrt{n}。 \tag{3.22}$$

7. 基于非线性模型的 BDS 检验

有效市场要求股票收益分布是独立的，这就需要检验任意阶序列的不相关性，即通过一阶和高阶的相关性检验来检验收益分布的独立性，一阶相关性可以通过方差比检验实现，适用于非正太和异方差的情况；二阶相关性检验则可通过布罗克等（Brock et al., 1996）在 1987 年提出的 BDS 检验实现。BDS 检验主要用于检验收益序列是否为独立同分布的，主要优点是不仅能检验高阶相关，还能探测非线性相关。

非独立同分布并不能说明市场是非有效的，但至少在一定程度上说明了收益是可以预测的。并且，若市场收益存在着非线性的关系，仅用线性模型难以得到好的结果。欲捕捉这种非线性关系，应使用非线性的 ARCH，GARCH 等模型。运用 BDS 检验，分析残差，看其是否仍有非线性的关系，无疑能加深对模型的认识，因此，BDS 检验对于模型的评价有其特有的价值。

二、半强式效率检验

半强式有效市场假说认为股票价格已充分反映出所有已公开的有关公司营运前景的信息，这些信息包括成交价、成交量、盈利资料、盈利预测值、公司管理状况及其他公开披露的财务信息等。因此，半强式有效市场的检验主要验证股票价格是否能充分迅速地反映任何公开信息。如果能，则投资者不可能利用任何公开信息获取异常收益；反之，如果股票价格对任何公开信息的反映具有滞后性或者不完整性，则投资人便可能利用该公开信息获取异常收益。如果半强式有效假说成立，则在市场中利用技术分析和基本分析都失去作用，内幕消息则可能获得超额利润。

关于如何判别股票市场是否具有半强式有效，由法马等（1969）提出的事件研究法应用最为广泛。该方法以影响股票市场某股票价格的特殊事件为中心，通过研究围绕这一事件（如年报公布等）前后该股票价格的变化情况，来检验某一信息对证券价格的影响程度，从而判断该股票市场是否具有半强式有效性。

事件研究法的研究步骤主要分为以下五步：

（1）定义事件窗口。

（2）选取研究样本。

（3）正常收益率的计算。

（4）估计超额收益率。

（5）实证结果及其解释。

基于以上五个研究步骤的事件研究结果进行分析。理想的检验结果应该为事件的影响机理、作用等相关理论提供实证支持，但有时也会出现检验结果与理论或预期相悖的情况，此时需要提出新的理论解释，或对模型和数据的不足进行分析。结果分析过程中需要注意两点：一是是样本容量的大小对结果的影响；二是事件研究的各个步骤中面临着诸多选择，若事件窗口长度的选择、样本的选择、正常收益率计算模型的选择、估计窗口长度的选择与超额收益率显著性检验方法的选择等，如此众多的选择，必然会给研究结论与相应的解释带来不确定性。

在实证检验时，主要是检验股票价格围绕重大信息公布时间前后的波动特征，特别是检验股价调整时机与信息公布实际两者之间的关系。这种关系通常表现为四种状态：

（1）在信息公布之前，股价已调整至理论水平，信息公布之后，股价不再有显著变化。

（2）股价调整时机与信息公布同步。

（3）股价调整时机在信息公布之前，但反应过度，在信息公布之后，股价走势与信息公布前趋势相反，进行反向修正。

（4）股价调整时机对信息公布滞后。

若情况（1）或（2）发生，则支持了半强式有效市场假说；而无论情况（3）发生，出现过度反映，或情况（4）发生，出现滞后反应，都否定了半强式有效市场假说。因为在（3）和（4）这两种情况下，股价都未对事件或新信息做出迅速、正确的反映，产生的偏离可能使投资获取异常利润。

三、强式效率的检验

强式有效市场假说认为价格已充分地反映了所有关于公司营运的信息，这些信息包括已公开的或内部未公开的信息。在强式有效市场中，没有任何方法能帮助投资者获得超额利润，即使基金和有内幕消息者也一样。这是一个极端情形，它的信息集包含所有公开的和内幕消息，但这一信息集在实践中显然难以精确定义。为此，对强式有效市场假说的检验主要集中在掌握公司内幕的人员和证券交易所的专家经纪人，通过测试他们从事交易能否赚取超额收益率来检验强式有效性是否成立。

掌握公司内幕信息的人员包括公司董事、高级管理人员、大股东、有机会获得公司内幕信息的其他公司职员和有关人员。有研究结果表明，由于内幕信息可以帮助掌握公司内幕的人员较好地预测公司股票的价格趋势，因此他们可以获取超额收益率，同时由于时差的原因，普通投资者采取跟进的策略不能获取超额收益率。在美国，证券交易委员会要求所有内部人员登记他们的交易记录，并在内幕人员交易正式概要中发布这些交易活动。一旦概要出版，内幕人员的交易就成了公开的信息。此时，如果市场是有效的，能充分及时地处理这些发布的信息，投资者就不能跟随内幕人员的交易活动获利。塞胡姆（Seyhum，1990）研究发现，在概要的发布日，跟随内幕人员的交易活动是没有价值的。尽管在概要报道内幕人员买入之后，股价有轻微上涨的趋势，但非正常收益率不足以弥补交易成本，这一研究表明美国证券市场没有偏离半强式有效市场的特征，但也没有满足强式有效市场假说的要求。但也有一些研究支持强式有效市场假说。

另外一些研究表明，证券交易所的专家经纪人能获取超额收益率，有事甚至比正常收益率高一倍多。这是因为，证券交易所的专家经纪人保留着限价委托买卖的记事簿，他们由此可以观察到供需双方的力量变化，比较准确地预测股票价格的近期走势，并且，由于专业的投资机构在日常经营活动中，通常会迅速建立起自己与政府间、自己与投资对象间、自己与社会相应部门间广泛而缜密的关系网，以尽可能地获取第一手情报，因此，专业投资机构也有可能获得垄断性的未公开信息。

第二节　估值效率评价方法

估值效率研究方法除了通过比较实际股价与内在价值的差异或者比较实际市盈率与标准市盈率的差异来判断市场是否存在过度估值的传统方法外，最普遍采用的方法是由托宾于 1969 年提出来的 Tobin's Q 理论（Tobin，James A.，1969）。Tobin's Q 理论中，Q 被定义为企业的市场价值与资本重置成本之比，如果 Q 比率大于 1，说明企业的市场价值高于其资产的重置成本，企业价值被高估；如果 Q 比率小于 1，则说明企业的市场价值低于其资产的重置成本，企业价值被低估。

一、Tobin's Q 基本模型

詹姆斯·托宾于 1969 年提出的基本模型为：

$$\text{Tobin's Q} = \frac{\text{公司市场价值}}{\text{资产重置成本}} = \frac{(\text{普通股} + \text{优先股} + \text{负债})\text{的市场价值}}{(\text{设备} + \text{厂房} + \text{存货})\text{的重置成本}} \quad (3.23)$$

一般认为，Tobin's Q 模型通俗易懂，但在实际计算中，往往面临以下难点：

优先股的市场价值由于其市场交易不充分而无法直接获得，替代的办法是通过对优先股股利按照收益率贴现的现值来获得。

长期负债的市场价值由于期限较长而不能用账面价值来代替，又由于长期负债的交易情况较优先股复杂得多，使得获取其公允的市场价格则更加困难。

公司资产的重置成本计算则由于没有一个交易充分活跃的旧货市场，因而无法通过这样一个市场来寻找资产的重置价值。此外，由于技术进步的因素使得现有资产的贬值加快，很难估计资产贬值的影响。

二、Tobin's Q 的简化计算方法

1. LR 方法

林登贝格和罗丝（Lindenberg and Ross，1981）（简称"LR"）严格按照 Tobin Q 理论提出了计算 Tobin's Q 值的基本公式和数据处理方法。

$$\text{Tobin's Q} = \frac{COMVAL_t + PREFVAL_t + BOND_t + STDEBT_t}{TA_t + RNP_t + HNP_t + RINV_t + HINV_t} \quad (3.24)$$

式中，$COMVAL_t$ 为普通股市场价值；$PREFVAL_t$ 为优先股的市场价值；$BOND_t$ 为公司长期债务的市场价值；$STDEBT_t$ 为期限短于一年的流动负债的市场价值；TA_t 为总资产账面价值；RNP_t 为公司的厂房设备重置成本净值；HNP_t 为厂房设备的历史账面净值；$RINV_t$ 为公司的存货重置成本；$HINV_t$ 为存货的历史账面价值。

如前所述，Tobin's Q 计算难点在于长期债务的市场价值和公司资产重置成本的计算。LR 分别给出了他们的计算方法。

关于 $BOND_t$ 的计算，LR 考虑了债券期限分布情况、债券的票面利率和债券的到期收益率三个关键因素。为了确定债券期限分布情况，LR 假定：

（1）计算起始年的债券市场价值等于账面价值；

（2）所有债券的期限均相等；

（3）第 t 年公司长期债券的账面价值为（$\sum_{j=t-n+2}^{t} N_j$），其中，N_j 表示第 j 年新发行的债券账面价值；

（4）第 $t-j$ 期发行的债券在第 t 期时占债券账面价值比例为 $f_{t,t-j}$；

（5）第 t 年的债券等级为 Z（依据标准普尔公司的公布数据），据此确定第 t 年的债券到期收益率为 ρ_t^z，用 ρ_t^z 测算既定年份的票息和本金的折现价值；

（6）DL_t 为第 t 年末长期债券账面价值。至此，可得长期债券市场价值为：

$$BOND_t = DL_t \sum_{j=0}^{n-2} f_{t,t-j} \{ (\rho_{t-j}^z / \rho_t^z) [1 - (1 + \rho_t^z)^{-(n-j)}] + (1 + \rho_t^{z-(n-j)}) \}$$

$$(3.25)$$

关于公司资产重置成本的计算，LR 把公司成本分为厂房设备、存货和其他资产三类。其他资产是指现金和证券等流动资产及土地，LR 用账面价值来代替此类资产的重置成本。由于受可获得资料的限制，有些公司的厂房设备的重置成本净值（RNP_t）无法直接获得，LR 假设计算起始年的 RNP_0 等于 HNP_0，通过以下一个迭代计算公式来测算以后年份 $RNP_t(t \geq 1)$。在该计算公式中 LR 主要考察通货膨胀、折旧、技术革新和新投资的形成等因素对厂房设备的重置成本的影响。

$$RNP_t = RNP_{t-1} \left[\frac{1 + \phi_t}{(1 + \delta_t)(1 + \theta_t)} \right] + I_t(t \geq 1) \qquad (3.26)$$

其中，ϕ_t 表示第 t 年资本品价格上涨的比率，δ_t 表示第 t 年的真实折旧率，θ_t 表示第 t 年技术进步产生的资本价值贬损率。同样，当公司的报告中无法获得 $RINV_t$ 时，LR 通过计算公式来测算。该公式根据存货记账的方法不同（后进先出法、先进先出法、移动平均法、零售成本法）而有所不同，都是运用取自商情摘要（Business Conditions Digest）的价格指数，对存货的账面成本进行调整，来获得既定年份的存货重置价值。如果同一公司使用了不同的存货记账方法，LR 方法先确定占主导地位的存货记账方法，然后运用这一方法所对应的存货重置成本计算方法来计算所有的存货重置成本。

LR 方法的优点是计算结果准确性较强，但其缺点是计算过程相当繁琐，并且由于计算数据获得的难度较大，在实际应用中可操作性较差。

2. CP 近似估算方法

以钟和普鲁伊特（Chung and Pruitt，1994）（简称"CP"）为代表的学者摒弃了 LR 方法的繁琐过程，通过财务会计报告中的数据代替"真实"数据，克服了理论估算方法所带来的数据获取困难和计算程序非常繁琐的难题，使得计算方法大为简便，可操作性大大增强，当然同时也在一定程度上牺牲了精确性，但仍然被认为是一种高度近似"真实"的 Tobin's Q 值。CP 近似估算方法的基本计算公式为：

$$\text{Tobin's } Q = \frac{MVE_t + PS_t + DEBT_t}{TA_t} \tag{3.27}$$

式中，MVE_t 为流通普通股股数与公司股票价格的乘积；PS_t 为流通优先股清算价值；$DEBT_t$ 为公司长期债务账面价值与净营运资金（流动资产与流动负债之差）之差；TA_t 为公司总资产账面价值。公式中的数据均可以在资产负债表中获取，这使得 Tobin's Q 值计算的可操作性和及时性大大增强，而从统计学角度来看钟和普鲁伊特（1994）证明，这种近似计算方法的计算结果与 LR 计算结果具有高度一致性。可见，近似计算方法为 Tobin's Q 值在公司管理层次上的日常应用提供了可能性，同时也为涉及 Tobin's Q 值的相关学术研究提供了一条不错的"捷径"。

第三节　资源配置效率评价方法

目前，主要有两种理论方法来衡量社会总资本在各行业间的配置效率。一种方法根据各行业的资本边际产出率进行评价，其基本思路是：资金在具有不同效率的行业间流动时，将使各行业的资本边际产出率趋于相等。因此，可用各行业的资本边际产出率的差别程度来判断一国的资源配置效率。但是这种研究方法有一定的局限性。首先，涉及各行业的生产函数的选择，生产函数的选择将直接决定所计算的行业资本边际产出率的准确性。其次，此方法只能考察某项措施实施后，资源配置效率是否得到提高，而无法给出资源配置效率的具体数值。为解决上述问题，杰弗里等（2000）从资本对于行业（长期）盈利能力敏感性的角度，提出了直接衡量资源配置效率的方法。其基本思路是：金融体系资源配置效率的提高意味着在高资本回报率的行业（项目）内继续追加投资，在低资本回报率的行业（项目）内适时撤出资本。这样，就可以用资本对于行业（长期）盈利能力的敏感性，作为衡量社会资本的配置效率的主要指标。

杰弗里等（2000）模型的基本形式为：

$$\ln\left\{\frac{I_{i,t}}{I_{i,t-1}}\right\} = \alpha_t + \beta_t \ln\left\{\frac{V_{i,t}}{V_{i,t-1}}\right\} + \varepsilon_t \tag{3.28}$$

或

$$\ln\left\{\frac{I_{i,t}}{I_{i,t-1}}\right\} = \alpha_i + \beta_i \ln\left\{\frac{V_{i,t}}{V_{i,t-1}}\right\} + \varepsilon_i \qquad (3.29)$$

前者为系数随时间变化的模型，后者为系数随行业变化的模型。其中，I代表某个行业的固定资产，i为行业编号，V为行业的总利润额，α为常数项，ε为模型的随机扰动项。表明对行业资金追加或撤出对行业盈利能力水平的弹性，即投资增长率对利润增长率的弹性。当资金的流动更大程度上是由资本升值的力量驱使时，会有一个较高的资源配置效率。当$\beta_i > 0$时，表明在t年内，资金流向了资本回报率高的行业，资源配置效率高；当$\beta_t < 0$时，表明在第t年内，资金流向了盈利能力弱的行业，资源配置效率低。

利用杰弗里等（2000）模型分析证券市场资源配置效率时，I可以代表行业或个体上市公司新发行股票的筹资额、年固定资产总额等资本投入类指标；V可以代表行业或个体上市公司的平均利润率、年净利润总额等资本产出类指标。其基本思想是：一个能有效配置资本的股票市场，必定是平均利润率高的行业或公司发行新股筹集的资金越多，固定资产增加更多。当$\beta_i > 0$时，表明在t年内，资金流向了资本回报率高的行业，资源配置效率高，反之，则资源配置效率低。利用该模型既可以进行静态分析，也可以利用时间序列数据进行动态分析。

第四节 运行效率评价方法

由于运行效率主要受到市场微观结构的影响，现行研究方法主要有统计方法、因素分析法和事件研究方法等，从流动性、交易成本以及信息披露三个方面分别进行研究。流动性研究主要考察在既定的价格水平下进行交易的确定性和执行速度；交易成本研究主要考察完成一笔交易的显性和隐性费用，其中隐性费用是指由于大宗交易引致的市价不利变化而付出的时间成本；信息披露研究主要考察信息被公开披露的程度。弗罗因德等（1997）认为，考察运行效率的基本方法是研究投资者买卖竞价差异程度以及对特定证券发行的交易特征调整情况等。

总体来看，目前对运行效率的研究主要局限于影响因素的探讨方面，对运行效率的计量研究尚没有公认范式和方法，也难以得出一个综合的量化测度指标。

第二篇

证券市场相对效率
评价理论与方法

第四章

相对效率评价的理论基础

第一节　股票定价的绝对与相对机制

作为虚拟商品的股票是现代产权制度创新的产物，是现实资产虚拟化分割的结果，是代表一组权利义务关系的所有权凭证，它独立于真实资产而存在，有着相对独立的价值运动形态，并表现为多种价格形式。从真实资产到成为证券市场的交易对象需要经过一定制度框架下的虚拟化、一级市场化至二级市场化的过程，在这一过程中分别形成了账面价格、IPO 价格和流通价格等价格表现形式，如图 4 - 1 所示。

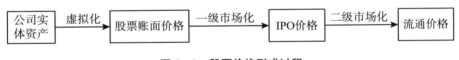

图 4 - 1　股票价格形成过程

一般而言，账面价格的形成是确定性的，它取决于真实资产数量和股权设置状况；IPO 价格的形成则既受到账面价格的影响，也受到制度设置的影响，往往是在不完全市场机制下产生的，并具有相当的确定性；而流通价格则是完全竞争的市场环境下，代表买卖双方的众多参与者根据自身对公开信息的理解和价值判断自由博弈的结果。在价格形成过程中，一方面，公司实体资产（内在价值）以公开信息的方式传递影响股票流通价格，另一方面，众多的公司以外的众多因素对价格起着重要的作用，因此，它是股票流通价格形成过程中最复杂的环节，表现出极度的不确定性。

就股票流通价格的众多影响因素来说，总体上可以分为四大类：一是行业和公司层面的因素，如财务状况、成长性、行业背景、竞争力等；二是市场环境层面的因素，如国内外政治稳定性、经济运行状态等；三是市场制度层面的因素，如交易制度的完善性、科学性与规范性、监管水平等；四是投资者层面的因素，如投资者的能力与构成、主流价值取向与投资观念、资金实力、庄家操纵等。前两类因素通过直接和间接影响股票内在价值的方式影响股票流通价格，具有绝对意义上的作用机制；后两类因素则主要通过影响股票的风险收益特性的方式影响股票流通价格，具有相对意义上的作用机制。

由于这些因素具有点多面广、交织影响的特征，一方面，逐一认识每一种因素对证券价格的作用机理已经是一件非常困难的事情，因为许多因素对价格的作用机理具有动态变化性；另一方面，影响因素之间的相互制约或促进作用使建立在单一因素影响机理基础上的研判准则往往失效。因此，当众多因素交织作用在一起时，很难想象投资者能从中做出正确判断。

可见，股票流通价格是在特定市场环境下，公司资产的绝对价值（内在价值）与相对价值的综合货币表现。

第二节　主流理论对股票定价机制的解释

以本杰明·格雷厄姆和沃伦·巴菲特为代表人物的价值学派认为，每种股票都有可以被正确估计内在价值，即公司未来收益的贴现值，它是市场价格形成的基础，从数量关系看，市场价格的长期均衡价格等于由内在价值表现的价格。股票的市场流通价格总是围绕内在价值波动的，但市场价格与内在价值的任何偏离都能够在合理的时间内得到修正。这种波动有时可以很大，其动因在于投资者的非理性行为、供求关系的对比和市场的无效性。当投资者过度自信或贪婪时，或股票供给小于需求时，股票的内在价值被高估，其价格高于真实的内在价值；反之，当投资者过度悲观或恐惧时，或股票供给大于需求时，股票的内在价值被低估，其价格低于真实的内在价值。但内在价值本身是变化的，实际市场价格表现为内在价值与市场波动的综合，内在价值决定股票价格的主要运动趋势，市场波动决定股票价格的次级运动趋势，股票价格的长期运动趋势取决于内在价值的变化方向。由于内在价值取决于两个关键变量，即公司的预期盈利和贴现率。因此，股票价格主要取决于市场以外的因素，尤其是公司和所属行业以及宏观经济现在的情况和未来前景。

以哈里·马科威茨和威廉·夏普为代表人物的市场学派认为，市场竞争促使股票价格趋向均衡价值，定价过高的股票被卖出，定价过低的股票被买入，这一过程是迅速、精确和平稳的，价格与内在价值间的差异被缩小和消除。但系统的均衡是短暂的，新信息的出现会打破均衡，由于新信息出现的时机、内容及影响力不可预知（随机性），因此，股票价格的波动也是随机的。市场的有效机制使所有公开信息都反映在现行的市场价格之中，而新的信息非常迅速地转换成新的价格。在一个有效市场中，任一时点的股票市场价格都是其内在价值的最佳无偏估计，这是一个自发的市场过程，投资者基于已有信息的任何内在价值评估和价格预测都是毫无意义的。市场和个体股票的未来价格将由新的发展与新的信息决定，由于新的发展和新的信息不可预见，因此，市场和个体股票的未来是不可预测的。

市场学派认为风险是证券市场波动所造成的投资未来收益的不确定性，不管实际收益与预期收益相比是上升还是下降。从本质上来说，风险是源于投资者行动的未来结果，是一个概率事件，也就是说风险是基于概率分布的不确定性，并可以通过与整体市场的波动程度的比较来计量个体股票的投资风险，即β值。根据市场学派的观点，决定股票价格的基本要素是市场本身，如果个体股票相对市场总体波动更剧烈，则该股票的投资更具风险性。市场学派依据股票的历史价格数据和统计技巧，精确计算出每只股票的β值——它过去的相对波动程度——然后根据这些计算结果建立起投资和资产配置理论，如 CAPM 模型和 MPT 理论。

以丹尼尔·卡恩曼为代表人物的行为金融学派认为，内在价值是股票价格形成的基础，但股票价格是对股票的未来价值估计，也即投资者所期待的"明天"价格的预测，而不是关于公司未来收益的现值估计。投资者自身的非理性行为导致市场价格脱离了股票的价值基础，并使市场变得无效。股票价格虽然围绕内在价值（均衡价格）上下波动，波动幅度是从两个方向被投资者推动到不能持续支撑的水平（乐观的投资者对此感到失望，而悲观的投资者则感到惊讶）。股票价格变化并不遵循随机行走规律，股票价格不会在极端高低价格间自动趋于均衡。

综上所述，价值学派、市场学派和行为金融学派都认为内在价值是价格形成的基础，股票流通价格围绕内在价值上下波动，但对市场有效性的判断及由此派生出的理论方法是不同的。市场学派基于市场有效的判断，认为市场价格即时地反映了内在价值，但个股相对于市场的波动性（即风险）是决定股票价格的重要因素。价值学派和行为金融学派都认为市场存在无效性，价格往往没有及时和全面反映内在价值，原因在于投资者的非理性行为，但二者对如何识别这种由于市场无效而带来的投资机会却有着完全不同的观点。价值学派认为应该从完善价值估计和判断入手来发现价值被低估的股票，因此，特别注重从市场以外的信息研究中去发现股票的价值。行为金融学派则主要从市场投资者心理行为层面的研究中，基于非理性行为的规律性表现寻找被错误定价（偏离均衡价值）的股票。

价值学派假设内在价值与其影响因素（如基本财务指标等）的关系是可以度量的，并且这一关系在时间上是稳定的；投资者具有基于公开信息进行估价的能力。但实际上存在这样一些问题：

（1）由于信息的可获得性存在问题，投资者所获取的信息和以此所做的分析可能是不正确的，而且，即使信息的完整性和正确性得以保障，也很难将正确信息变成对未来数年收益的精确估计；

（2）许多信息本身难以被量化，更难以被价值化，而且，内在价值与影响因素的关系并不稳定；

（3）大规模的信息处理涉及投资者的信息成本的承受能力和信息处理能力问题，对绝大多数投资者而言者并不现实；

（4）投资者的估计可能出现错误，但市场不会因此而有所改变。

市场学派假设每一个投资者有同样的信息和对股票未来有同样的预期，表明投资者将以相同的方式分析和加工信息、做出判断；股票市场是完善的，不存在有限可分性、税收、交易成本、不同借贷无风险利率等等投资障碍。这使得问题的焦点从应该如何投资转向了如果每个投资者以相同方式投资的话股票价格会发生什么变化。由于这些假设与现实相比过于苛刻，使现代投资理论成为过于理想化的理论，甚至存在相互矛盾之处。例如，它对有效市场的动因解释就存在一个很明显的悖论：投资者对信息价值的判断和分析使市场变得有效，但有效市场使投资者的分析毫无意义。如果当投资者意识到分析无效而放弃分析时，市场立刻成为无效。如此看来，这事实上承认了价值分析是有意义的。

行为金融理论是以投资者的非理性行为和心理行为的权变性假设为前提的，虽然能给传统理论无法解释的一些异常现象做出合理的诠释，但限于心理因素的可测度性差，很难进一步得到具有可操作性的方法论体系。

从以上分析可见，主流学派均认可股票流通价格的确定包含绝对定价和相对定价机制，前者是基于未来收益的内在价值估计；后者则是基于各类市场因素（风险、供求关系、投资者等）相对比较的相对价值估计。

第三节　股票相对定价机制的再认识

证券市场的核心功能是资产定价，股票价格是具有一定内在价值和异质性特征的公司股票，在充分竞争的市场定价机制作用下的结果。因此，股票市场是一个具有特殊生产函数关系的输入输出转换系统，其输出为股票价格，输入要素包括公司基本面、行业特征、宏观经济、市场规制、投资者等。但由于估值因素众多以及市场定价机制的特殊性和多变性，使得这一转换系统的生产函数关系极其复杂，人们难以从绝对意义去完整认知其价格形成机理和量化测度。

从股票投资实践的角度看，投资者的最终目的是获利，虽然理论上的获利源于公司的利润回报，但实际上是来源于资本溢价收益，因为公司分红后的除权机制使利润最终体现在资本溢价收益上。由于难以确定特定股票的绝对合理价格，而且投资者买入股票的目的是为了卖出获得资本溢价收益，因而只需关心其交换价值即可，这也使得股票流通价格可以在一定的时间内摆脱内在价值束缚。在投资事件中，股票的交换价值可以通过类比来识别，基于"比较"可以判别股票价格的相对合理性，并从中发现被错误定价的股票，而竞争选择性投资的结果使相对不合理的价格趋向相对合理。因此，在股票价格形成过程中事实上存在一种相对决定机理。市场中普遍存在的"版块效应"（同类股票的同涨同跌现象）正是相对决定机理的典型表现。

对于市场交易中的个体股票而言，决定其内在价值的大多数要素往往具有相对的稳定性（如财务指标按季和年公布，个体股票的其他公开信息也不多），但价格的变化却极具动态性，显然，股票价格的变化受到自身以外因素的深刻影响，如政治经济环境、市场背景、投资者价值取向、优势群体的操纵等。这些因素对股票价格的影响往往是群体性的，甚至是整个市场中的所有股票，由于不同股票的市场特性存在差异以及其他人为因素的影响，新信息对同类股票（具有某些共同特性）的影响往往存在时间先后和程度上的差异，这种差异即是市场无效的表现，也是比较价值存在的基础。

笔者认为，比较价值不仅存在于同一市场的同类股票之间，也存在于同一市场内的所有股票之间，还存在于不同市场之间（如 A 股市场与 B 股市场、国内市场与国外市场），这主要由市场本身的制度和运作特征以及投资价值观念差异所致。另外，同一股票不同时期之间也存在比较价值。

　　总之，"比较"无所不在，绝大多数投资者通过"比较"发现投资机会、选择投资对象和时机，相比内在价值估计而言，这是最简便易行的方法，有着最通俗的道理，也是人类对复杂问题受到信息处理能力和信息处理成本约束下的可行认知方式选择。但这种相对价值投资观也容易引发投资者的过度自信和过度恐惧等非理性行为。

　　按照股票市场价格形成的相对机理，我们可以将其交换价值构成可以分为四部分：一是由股票品质（如行业特性、公司资产质量、预期业绩与成长性等）决定的内在价值，数量上主要表现为未来预期业绩贴现值，这是股票价格形成的基础价值；二是由市场本身特性（如市场所处发展阶段与前景、市场的规范性与开放程度、供求关系、市场潜在投资价值、不同资本市场的均衡情况等）决定的比较市场价值；三是由特定股票的股本结构与规模、流通盘大小、炒作的难易程度等市场交易特性所决定的可交易价值；四是由随机行走规律决定的日常技术性价格波动。

　　一般而言，虽然同一股票市场上不同股票的内在价值不同，但所有股票的比较市场价值对每种股票价格的贡献比例基本相同，通过比较在不同市场上市的同类股票就可以基本了解其比较市场价值，如我国目前一些公司股票同时在国内 A 和 B 股市场、中国香港和纽约股票市场交叉上市，通过比较它们的股价可以帮助我们认知不同市场之间的比较市场价值差异。通常，相对于成熟股票市场，新兴市场的投资机会更多、收益率更高、发展潜力更大，比较市场价值大于零，而随着市场成熟度提升，比较市场价值递减，直至消失。股票的可交易价值主要受投资者所持理念与偏好的影响，并具有动态变化性。当某类股票被大多数投资者或优势群体（机构、庄家）偏好时，可交易价值为正值，反之，可交易价值为负值。如当市场投资者的理念和偏好是"喜小厌大"、"重题材轻业绩"和"重投机轻投资"时，小盘股、重组（亏损）股的被追捧，可交易价值为正值；而大盘股、蓝筹股则被冷落，可交易价值为负值，反之则相反。技术性价格波动则表现为以内在价值、比较市场价值和可交易价值的综合价值为均衡点的随机性（或周期性）的日常涨跌，这种波动属于市场运行过程中的技术性摆动，服从随机行走规律。

　　股票的市场流通价格实际是上述四类价值的叠加与综合货币表现，如图 4-2 所示。一般而言，新兴市场的比较市场价值大于零、股票的可交易价值和技术性价格波动幅度更大，所以，其价格波动幅度也更大，而且股票的交易价格均高于内在价值。成熟市场的比较市场价值为零、股票的可交易价值和技术性价格波动幅度更小，所以，其价格波动幅度也更小，股票的交易价格在内在价值的上下波动。

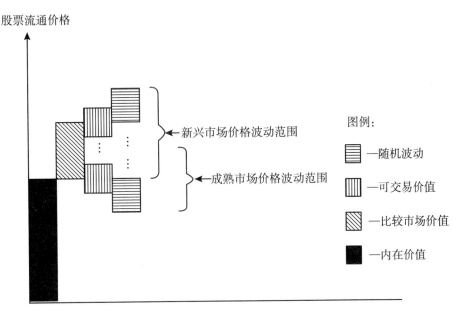

图 4 - 2　基于相对机理的股票流通价格的价值构成及波动范围

　　股票流通价格的四项构成对于不同目的投资者的决策效用也是不同的。对以获取股权占有和红利为目的的长期投资者来说，股票内在价值具有更重要的影响，其他三项价值构成无关紧要；对于跨市场的投资者而言，比较市场价值是投资决策的主要依据；对固定投资于某一市场的投资者来说，比较市场价值没有实际意义；对以获取交易差价为目的的中短期投资者而言，可交易价值是投资决策的主要依据；对以获取交易差价为目的的"短线高手"来说，日常技术性价格波动（由股票随机行走规律决定的不同时点间相对价值）具有重要影响。

　　在相对较短的时间内，由于股票的内在价值和比较市场价值相对稳定（公司业绩公布周期为 3 个月，而环境层面的新信息对市场的影响是共性的，对个体股票投资价值的比较影响不大），价格的变化主要受可交易价值和技术性波动的影响，因此，短期内的投资研究可仅限于市场自身，如设法找出主导性的市场投资理念和偏好，采用合适的"比较"方法找出价值被低估的股票。而长期的投资研究应综合考虑四项价值成分的变化，尤其是内在价值。

　　按照股票价格形成的相对机理来诠释，我国的深沪股市作为新兴的封闭市场，市场整体定价水平"偏高"是正常的比较市场价值的体现（随着近年来市场成熟度的提高出现了稳步下降的趋势），不能简单理解为市场"泡沫"。投资者不关心比较市场价值和内在价值也是正常的，因为他们并不跨市场投资，也不必担心市场的迅速开放问题，在缺乏严格的股利派发制度约束的情况下，中期投资或短期投机自然成为市场的主流理念。在这种情况下，将股票的可交易价值和技术性价格波动作为决策的主要依据自然成为合理的选择，基于相对价值分析的各种"比较"方法（如基于历史价格比较的技术分析方法、同类股票的参照类比方法）被广泛应用，这使得股票价格波动的周期性特征和"版块联动效应"尤其明显。

　　综上所述，从价格构成的角度看，股票流通价格是其绝对价值和相对价值的综合反映，其中，绝对价值部分是定价基础，影响因素主要是公司和行业的基本面，具有较强的可预见性和稳定性，决定了股票价格的长期运动趋势；相对价值部分的影响因素主要是公司基本面以外的其他因素，其可预见性和稳定性差，它决定了股票价格的中短期运动趋势。

第五章

相对效率评价方法

第一节　相对信息效率评价的 Lempel – Ziv 指数方法

一、基本思想

由于有效市场假说是一个极端情形，在实践中，股票价格只反映了交易成本小于其收益的信息，有些信息可能并未公开，如内幕交易。新信息出现后，市场参与者对该信息如何影响价格的认知可能存在分歧，换句话说，投资者的期望值是异构的，因此，市场无效的情形永远存在，在实际的股票价格时间序列中，这种无效可以表现为某种人为模式和冗余信息。因此，评估一个给定的实际市场是否绝对有效是不恰当的，这不是一个是非问题。相反，效率测度应该衡量一个市场在多大程度上偏离理想的有效市场，也就是说，相对效率才是最重要的。与能源转换装置的效率评价基于理论标准实际转换比例的思路类似，可按照反映在股票价格中的非冗余信息的相对数量进行相对信息效率评价。理想有效市场的价格反映了所有非冗余信息，此时，这个市场具有 100% 的效率。由于实际市场价格只反映了的采集成本小于收益的信息，交易成本、内幕交易和异构期望因素并未得到反映，这些剩余无效因素使得市场难以达到绝对有效。但我们可以将随机有效市场作为一个基准，以此评价给定市场的相对效率。例如，标普 500 指数具有 99.1% 的效率，而科伦坡证交所的效率仅为 10.5%，这意味着在美国股票市场的价格比斯里兰卡市场反映了更多的非冗余信息。

施米洛维奇等（Shmilovici et al.，2003）在探索利用时间序列压缩来检验有效市场假说的研究中认为，由于没有一种可行的模式，对有效市场时间序列进行压缩是不可能的，因为在这种情况下的"随机复杂度"最高。随机时间序列的复杂度是描绘和复制时间序列中信息所需二进制数字的数目的测度。

算法复杂性理论可使有效市场假说和股票收益的不可预测性特征之间建立联系，因为具有大量非冗余信息（理想有效市场）的股票收益时间序列表现出了与那些观察到的随机时间序列相似的统计特性（Mantegna and Stanley, 2000）。因此，随机偏差的测度提供了一个评估给定市场的效率程度的工具。但由于算法复杂性理论不能区分噪声交易和信息交易，其结果不能区别时间序列中的无效是源于大量非冗余信息或是纯随机过程。

二、方法模型

香农信息熵理论认为，一个真正的随机系列是其预期的信息内容最大化的极端情形，在这种情况下，序列中存在最大的不确定性，且没有信息冗余。一个字符串的算法复杂度（Kolmogorov）由可以产生该字符串的最短计算机程序的长度给定。但由于最短的算法无法计算，可以有几种方法可以规避这个问题。伦佩尔和齐夫（Lempel and Ziv, 1976）提出了一个不依赖于最短算法的有用方案。卡什帕和舒斯特（Kaspar and Schuster, 1987）提供了一个容易计算 Lempel – Ziv 指数的方法，其过程如下：

假设有一个插入一个新数字到二进制字符串 $S = s_1, \cdots, s_n$ 或复制新数字到 S 的程序，该程序通过新插入数字 $s_r (s_r < s_n)$ 而重构整个字符串。数字 s_r 并非来自字符子串 $s_1, \cdots, s_{r-1}$；否则，s_r 可以从 $s_1, \cdots, s_{r-1}$ 复制。

为了了解 S 的其他部分是否可以通过简单地复制或重新插入新的数字，我们引入 s_{r+1}，然后检查这个数字是否属于字符串 S 的子字符串，在这种情况下，它可以从 S 简单地复制。如果 s_{r+1} 确实可以被复制，且程序推移直到一个新的数字出现（一旦需要再次插入）。新插入数字的数量（如果最后复制步骤不是紧接着插入一个数字）加一给出了字符串 S 的复杂性测度 c。

作为一个例子，考虑以下三个 10 位二进制数字的字符串：

A　0000000000

B　0101010101

C　0110001001

可以看出，A 的随机性最小，A 的复杂性小于 B，B 的复杂性小于 C。复杂性指数 c 与我们的直觉一致。就字符串 A 而言，只需插入第一个数字零，就可以通过复制这个数字重建整个字符串，因此，$c=2$，c 是创建这个字符串所必须的步骤数量。对于字符串 B，必须另外插入数字 1，然后复制子串 01 来重建整个字符串，因此，$c=3$。而对于字符串 C，必须再插入 10 和 001，然后复制 001，因此，$c=5$。

字符串的复杂性和它的长度成正比。当字符串长度按照下述规则增加时，真正的随机字符串渐近接近其最大复杂性 r

$$\lim_{n\to\infty} c = r = \frac{n}{\log_2 n} \tag{5.1}$$

我们可以因此计算一个字符串相对于其真正随机字符串复杂性的有限规范化复杂性指数：$LZ = \frac{c}{r}$。当字符串长度趋于无限时，$LZ \to 1$。然而，对于通常是有限的实际实验中，LZ 比 1 略大。这个指数还可以用于比较不同长度的字符串，只要他们的长度 $\geqslant 1000$。实验证明，字符串长度接近 1000 时，LZ 指数渐近收敛于 1。

在实际应用中，考虑滑动时间窗口，计算每个时间窗口的 LZ 指数，然后求平均 LZ 指数。例如，对于 2000 个数据点和 1000 个选定观察时间窗口的时间序列数据，首先计算从 1 到 1000 个窗口的 LZ 指数，然后计算从 2 到 1001 个时间窗口的指数，如此类推，直至从 1001 到 2000 的时间窗口。然后，平均 LZ 指数。应用中时间窗口的长度通常选择 1000 个数据点，如对于由 15000 个数据点构成的时间序列，按照 1000 个数据点确定计算窗口，可以计算 14000 个滑动窗口的 LZ 指数。

从数学意义看，有效被视为是时间序列之间没有统计依赖关系，LZ 复杂性可以描述统计依赖的类型，它一般足以涵盖马尔可夫过程。从某种意义上说，LZ 指数提供一个比由任何顺序的自回归过程得到的统计量更基础的时间序列统计量。马尔可夫过程描述了其当前观测状态依赖于过去观测状态子集的随机变量行为。例如，抛硬币产生的一个公平随机过程没有记忆，所以，以当前状态为条件的下次抛正反面出现的概率值同样是 1/2，即具有独立性。然而，我们说，虽然晴天和雨天的顺序是一个随机过程，但其统计上确是相互依赖的，如果今天是晴天，那么，明天是晴天的概率是可能 0.75，而不是 1/2。对实际收益系列进行分析，可按照施米洛维奇等（2003）方法将实际收益系列编码为三进制字符串。

假设观测的收益系列 ρ_t 的稳定基为 b，如果 $\rho_t \leqslant -b$，三进制字符串的数据点编码为 $d_t = 0$，如果 $\rho_t \geqslant +b$，则 $d_t = 1$，如果 $-b < \rho_t < +b$，则 $d_t = 2$。如果我们将稳定基缩小至吸引子零，即 $b=0$，则这一收益系列将成为二进制系

列。例如，按照施米洛维奇等（2003）的方法，我们假定 $b = 0.0025$。以标普 500 指数 2007 年 6 月 18~22 日的日收益率 0.652%、-0.1226%、0.1737%、-1.381%、0.6407% 为例，与 0.25% 的稳定基 b 逐一比较，因此，这一交易周的编码为 12201。

计算出所有窗口的 LZ 指数后，为了评估该系列的相对效率，将 $LZ = 1$ 设为临界值，计算 LZ 指数大于 1 的事件窗口数量所占比例，并以此作为相对信息效率的测度。如果某收益时间序列的 LZ 指数超过 $LZ = 1$ 临界值的比例为 98.8%，那么，我们说它是 98.8% 有效。

第二节　相对信息效率评价的时变 AR 模型方法

一、基本思想

伊藤等（2009）在罗（2004）的基础上提出采用时变 AR 模型中的时变 AR 系数代表随时间变化的股票收益自相关数，并将其作为市场无效程度的测度。这种方法的基本思想是：通过研究股票价格中是否存在可被利用的价值信息和预测信息，即通过分析过去的数据能否预测资产的回报来考察市场效率。从理论上讲，在不考虑交易成本的情况下，投资收益时间序列的自相关性暗示着存在收益的可预测性，而这种套利机会的存在则说明市场无效。因此，在每月观测的情况下，我们可以把股票收益的自相关视为的市场无效的代表指标。假设市场无效是时变的，那么，可以通过测度每个时期股票收益的自相关系数，并以此为市场无效程度的评价指标。

二、方法模型

首先，运用平移窗口法来检验股票收益数据自相关系数的时变结构，然后运用状态空间模型来估计时变 AR 系数，进一步地，通过时变 AR（1）系数序列来构造股票市场的无效性测度，以此来比较市场之间无效性的相对强弱程度。

1. 计算一阶自相关系数

对于收益率时间序列 $(x_1, \cdots, x_T)$，运用平移窗口法，取窗口大小为 w，

可得到 $T - w + 1$ 个子样本，即 $(x_{t-w+1}, \cdots, x_t)$，$t = w, \cdots, T$，计算各个子样本的一阶自相关系数。所使用的统计量为：

$$r_k = \frac{\sum_{t=1}^{n-k} (x_t - \bar{x})(x_{t+k} - \bar{x})}{\sum_{t=1}^{n} (x_t - \bar{x})^2}, \quad k = 1, 2, \cdots \tag{5.2}$$

计算中取 $K = 1$，结果得到时变一阶自相关系数序列。进一步地，通过 ADF 检验来验证其是否存在一个单位根，以便确认时变 AR 系数遵循一个随机游走的过程。

2. 估计时变 AR 系数

由于一阶自相关系数只是对收益率数据进行了一种经验分析，虽然也能在一定程度上度量序列的相关性，但还包含一些"噪音"，有必要寻求一种更为有效的滤波和平滑算法来过滤掉这些"噪音"。由于 Yule – Walker 方程确保了样本自相关函数与时变 AR 模型系数之间的一一对应关系，因此，衡量股票收益率自相关的最简单方法是将股票收益率数据直接运用于时变 AR 模型。为此，伊藤等（2009）提出了使用一个时变 AR 模型，对其时变 AR 系数进行估计，并用该时变 AR 系数序列作为市场无效性的代表。时变 AR 模型为：

$$x_t = \sum_{i=1}^{k} \beta_{i,t} x_{t-i} + u_t \tag{5.3}$$

我们可以用一个状态空间模型来表示这个时变 AR 模型，实际上，时变 AR 模型只是状态空间模型的一个特例。状态空间模型是由一个观测方程和一个状态方程所构成，模型中的状态变量就代表 AR 模型中的系数。状态方程中的状态矩阵是由上述 ADF 检验后估计而得到的，即时变 AR 系数遵循一个随机游走的过程。即：

观测方程：

$$x_t = (x_{t-1} x_{t-2}, \cdots, x_{t-k}) \begin{pmatrix} \beta_{1,t} \\ \beta_{2,t} \\ \vdots \\ \beta_{k,t} \end{pmatrix} + u_t, \quad u_t \sim N(0, \sigma_{u_t}^2) \tag{5.4}$$

状态方程：

$$\begin{pmatrix} \beta_{1,t} \\ \beta_{2,t} \\ \vdots \\ \beta_{k,t} \end{pmatrix} = \begin{pmatrix} 1, & 0, & \cdots, & 0 \\ 0, & 1, & \cdots, & 0 \\ \vdots & \vdots & \ddots & \vdots \\ 0, & 0, & \cdots, & 1 \end{pmatrix} \begin{pmatrix} \beta_{1,t-1} \\ \beta_{2,t-1} \\ \vdots \\ \beta_{k,t-1} \end{pmatrix} + \begin{pmatrix} v_{1,t} \\ v_{2,t} \\ \vdots \\ v_{k,t} \end{pmatrix}, \quad v_t \sim N_k(0, \sigma_{v_t}^2 I) \tag{5.5}$$

$$v_t = (v_{1,t}, v_{2,t}, \cdots, v_{k,t})'$$

在实际的计算中，应将上述观测方程和状态方程结合在一起，以状态变量作为待估计参数，并最终使用回归模型中的最小二乘算法来估计状态变量。这种算法是由日本庆应大学伊藤等（2009）所改进的，被称为 Ito 回归。使用这种算法得到的结果和 Kalman 平滑算法是等效的，此算法的过程如下：

观测方程：

$$\begin{pmatrix} y_1 \\ y_2 \\ \vdots \\ y_t \end{pmatrix} = \begin{pmatrix} X_1 & & & O \\ & X_2 & & \\ & & \ddots & \\ O & & & X_t \end{pmatrix} \begin{pmatrix} \beta_1 \\ \beta_2 \\ \vdots \\ \beta_t \end{pmatrix} + \begin{pmatrix} u_1 \\ u_2 \\ \vdots \\ u_t \end{pmatrix} \tag{5.6}$$

状态方程：

$$\begin{pmatrix} -\Phi_1 *_0 \bar{\beta} \\ 0 \\ \vdots \\ 0 \end{pmatrix} = \begin{pmatrix} -I & & & O \\ \Phi_{2,1} & -I & & \\ & \ddots & \ddots & \\ O & & \Phi_{t,t-1} & -I \end{pmatrix} \begin{pmatrix} \beta_1 \\ \beta_2 \\ \vdots \\ \beta_t \end{pmatrix} + \begin{pmatrix} v_1 \\ v_2 \\ \vdots \\ v_t \end{pmatrix} \tag{5.7}$$

然后我们再利用下面的方程对状态空间模型进行回归：

$$\begin{pmatrix} y_1 \\ y_2 \\ \vdots \\ y_t \\ -\Phi_1 *_0 \bar{\beta} \\ 0 \\ \vdots \\ 0 \end{pmatrix} = \begin{pmatrix} X_1 & & & O \\ & X_2 & & \\ & & \ddots & \\ O & & & X_t \\ -I & & & O \\ \Phi_{2,1} & -I & & \\ & \ddots & \ddots & \\ O & & \Phi_{t,t-1} & -I \end{pmatrix} \begin{pmatrix} \beta_1 \\ \beta_2 \\ \vdots \\ \beta_t \end{pmatrix} + \begin{pmatrix} u_1 \\ u_2 \\ \vdots \\ u_t \\ v_1 \\ v_2 \\ \vdots \\ v_t \end{pmatrix} \tag{5.8}$$

第三节　基于股价波动非同步性的信息效率测度方法

一、基本思想

罗尔（Roll，1988）首先提出了股价波动非同步性的概念，即单个上市公司的股票价格与市场平均价格变动之间的非关联性。莫克等（Morck et al.，2000）尝试利用股价波动非同步性来测度股票市场的信息效率，他发现发达股票市场相比新兴市场具有更高的股价波动非同步性，因为发达市场的法律规范比较完善，投资者产权保护程度高，这些都会激励投资者的信息套利行为，使更多公司层面信息得到及时定价。德内弗等（Durnev et al.，2003）在以美国上市公司为研究对象的实证检验中，发现具有较低的股价波动同步性的股票，其收益中包含了更多的有关未来盈余的信息，印证了公司之间同步性的差异应归因于股票价格所包含公司特质信息的不同。莫克等（2000）对世界40个股票市场股价波动同步性的研究中，美国、英国、加拿大、澳大利亚等发达的股票市场股价波动同步性程度较低，R^2 一般都在10%以下，而中国、波兰、马来西亚等新兴股票市场的股价波动同步性较高，R^2 都在40%以上，波兰第一，中国第二。金和迈尔斯（Jin and Myers，2006）所考察的40个国家股票市场中，中国股价波动同步性位居世界第一，中国股票市场的同涨共跌现象十分的严重。

按照以上研究结论，笔者认为，基于相对比较的视角，以交叉上市公司作为研究对象，可以利用在不同市场交易的交叉上市股票价格的同步性来测度和评价不同股票市场之间的相对信息相率。

二、方法模型

度量股价波动同步性的方法主要有两种：一是频数分析法，即通过计算与整个市场收益波动方向一致的个股数量占全部股票数量的比例来衡量同步性，比例越高说明股票市场股价波动同步性就越强。二是资产定价模型分解法，即计算个股收益中有多大比例是来自股票市场层面的影响，以此考察股价波动的同步性。频数分析法思路明了，计算简单、方便，但缺点非常明显，因为该方法只考虑到了波动的方向，而无法考虑到波动的幅度。而第二种方法相对要好得多，因为它可以考察波动的幅度。

1. R^2 统计量

R^2 是统计学和计量经济学中常用的统计概念，源于拟合优度检验，拟合优度是描述线性回归方程与样本数据趋势拟合情况的重要指标。拟合优度的一个通行测度是因变量 Y（样本）变差被模型所解释的比例，也就是因变量 Y 的变差被诸解释变量所解释的比例。这个统计量称为决定系数，记作 R^2，定义为回归平方和与总离差平方和的比值。

Y 的总变差分解式为：

$$\sum (Y_i - \overline{Y})^2 = \sum (Y_i - \hat{Y}_i)^2 + \sum (\hat{Y}_i - \overline{Y})^2 \tag{5.9}$$

其中，$\sum (Y_i - \overline{Y})^2$ 称为总离差平方和，记为 TSS；$\sum (Y_i - \hat{Y}_i)^2$ 称为残差平方和，记为 ESS；$\sum (\hat{Y}_i - \overline{Y})^2$ 称为回归平方和，记为 RSS。

矩阵表示为：

$$(Y'Y - n\overline{Y}^2) = e'e + (\hat{Y}'\hat{Y} - n\overline{Y}^2) \tag{5.10}$$

这里，回归平方和 RSS 越大，残差平方和 ESS 就越小，从而被解释变量观测值总变差中能由解释变量解释的那部分变差就越大，回归模型对观测值的拟合程度就越高。因此：

$$R^2 = \frac{RSS}{TSS} = \frac{\hat{Y}'\hat{Y} - n\overline{Y}^2}{Y'Y - n\overline{Y}^2} \quad R^2 \in [0, 1] \tag{5.11}$$

实际中的计算公式为：

$$R^2 = \frac{\left[\sum_{i=1}^{n} (y_i - \overline{y})(\hat{y}_i - \overline{y}) \right]^2}{\left[\sum_{i=1}^{n} (y_i - \overline{y})^2 \right] \left[\sum_{i=1}^{n} (\hat{y}_i - \overline{y})^2 \right]} \tag{5.12}$$

由于回归分析中的解释变量的个数都是相同的，不会对分析造成影响，所以没有采用修正的拟合优度判定系数，而直接采用 R^2 作为股价波动同步性的度量。

2. 回归模型

应用中可选择如下变量来设计回归模型：

$$R_{i,t} = \alpha_i + \beta_i R_{m,t} + \gamma_i R_{I,t} + \varepsilon_{i,t} \tag{5.13}$$

式中，$R_{i,t}$ 是股票 i 在第 t 期的收益率，$R_{m,t}$ 是第 t 期整个市场指数的收益率，而 $R_{I,t}$ 是第 t 期股票所在行业指数的收益率。从理论上讲，R_i^2 可以较好地度量第 i 只股票价格波动所反映出的公司特质信息构成比例，并可以此作为其股价波动同步性高低的衡量指标，该模型的 R_i^2 越大，说明公司股价中被市场层面和行业层面所解释掉的比重越大，而包含公司层面的特质信息就越少，或者说公司的特质信息没有传递出去，也就是所谓的"跟着大盘跑"。

该模型由于较好的捕捉到了来自市场和行业层面信息的影响，能够较为准确的度量公司特质信息对股价变动的冲击，因此，以该方法度量股价中所包含公司特质信息得到了国内外主流理论的认可，并在国内外学者的研究中得到普遍应用。

对于整个股票市场的股价波动同步性水平，可以通过对个股 R_i^2 进行等权

平均或加权平均而获得，并以此代表股票市场的信息效率。如式（5.14）、
（5.15）：

$$\bar{R}^2 = \frac{1}{n} \sum_{i=1}^{n} R_i^2 \quad (i = 1, 2, \cdots, n) \tag{5.14}$$

$$\hat{R}^2 = \sum_{i=1}^{n} \eta_i R_i^2 \quad \left(\sum_{i=1}^{n} \eta_i = 1 \right) \tag{5.15}$$

$\bar{R}^2 (\hat{R}^2)$ 越高说明股票市场中各个公司受大盘和行业的影响就越大，股价
波动表现出跟随大盘和行业同涨共跌的现象更加明显，公司股价被市场和行业
所主导，股票价格没有传递出公司层面的特质信息，这样的股票市场信息效率
则更低。

第四节　基于 DEA 的相对估值效率研究方法

一、基本思想

数据包络分析（Data Envelopment Analysis, DEA）是由著名的运筹学家查
尼斯等（Charnes et al.）于 1978 年提出的，用来评价具有多个相同的输入输
出指标的部门之间相对效率的非参数方法。由于 DEA 方法不需要明确输入输
出之间的函数关系，评价结果与量纲无关，同时不需要人工确定输入输出的权
重，使得这一方法自提出以后迅速成为一种有效而重要的分析工具，并且得到
了广泛的应用。

在现代金融领域中，DEA 方法作为一种评价市场间相对效率的方法，与
评价市场绝对效率的传统统计检验方法相比较，具有以下优势：

（1）它可以度量市场无效的程度，考虑更多的输入输出指标。

（2）分析市场无效的原因和影响因素，相关参数和效率测度指标有更明
确的经济意义，可以为市场参与者认知市场规律和估值偏好提供更多的决策
信息。

（3）可以减少误差，避免主观因素。

同时，DEA 模型本身所具有的特点对于生产函数关系具有时变性和复杂
性特征、估值要素多的证券市场研究而言具有方法论的优势。

如果将股票市场视为一个输入输出转换系统，那么，影响股票价格的所有
因素是输入，股票价格是输出，基于 DEA 方法的股票相对估值效率测度方法

不仅可以从相对比较的角度得到股票市场内每一只股票的估值效率，发现价值被低估或者高估的股票，而且可以分析股票估值偏差的原因和影响因素及研判股票市场的整体走势。

如果将市场的整体估值效率视为市场中所有股票估值效率的综合，那么，在理想的有效市场中，每只股票都应该得到合理的定价，即在这一市场中交易的所有股票的相对估值效率是 1，此时，市场的整体效率是 1，股票之间的相对估值效率偏差是 0；而在无效的市场中，部分股票的价值或者被低估或者被高估，价值被高估的股票相对估值效率大于 1，价值被低估的股票相对估值效率小于 1，市场的整体估值效率小于 1，股票之间的相对估值效率偏差大于 0，而且被高估和低估的程度越大，市场整体估值效率越小，估值偏差越大。因此，通过观察市场不同时间的估值效率变化轨迹不仅可以更深刻的认识市场估值效率的动态演变过程，还可以为不同市场的相对估值效率比较提供定量依据。有鉴于此，基于 DEA 的股票相对估值效率测度方法不仅有可靠的理论基础和明确的经济含义，而且可操作性强。

二、方法模型

（一）DEA 的基础模型

自第一个 DEA 模型 C^2R 提出以来，已经扩充出许多 DEA 模型，如 BC^2 模型、FG 模型、ST 模型、超效率 DEA 模型、加法模型 C^2GS^2、具有无穷多个决策单元的半无线规划的 DEA 模型 C^2W，等等。其中，最具有代表性的模型是 C^2R 模型、BC^2 模型、FG 模型和 ST 模型，这四种模型分别对应四种生产可行集。

假设有 n 个决策单元，每个决策单元都有 m 个输入指标和 s 个输出指标，第 j 个决策单元的输入和输出分别为 $X_j = (x_{1j}, x_{2j}, \cdots, x_{mj})$ 和 $Y_j = (y_{1j}, y_{2j}, \cdots, y_{sj})$，相应的权重系数分别为 $v = (v_1, v_2, \cdots, v_m)^T$，$u = (u_1, u_2, \cdots, u_s)^T$。关于生产可行集 $T = \{(X, Y) |$ 输出 Y 能用 X 生产出来$\}$ 有以下公理：

（1）平凡公理 $(X_j, Y_j) \in T$，$j = 1, 2, \cdots, n$。

（2）凸性公理对任意 $(X, Y) \in T$ 和任意 $(\hat{X}, \hat{Y}) \in T$，以及任意 $\alpha \in [0, 1]$ 都有 $\alpha(X, Y) + (1 - \alpha)(\hat{X}, \hat{Y}) \in T$。

（3）无效性公理　若 $(X, Y) \in T$，并且 $\hat{X} \geq X$，$\hat{Y} \leq Y$，均有 $(\hat{X}, \hat{Y}) \in T$。

（4 - 1）锥性公理（经济学界称为可加性公理）对任意 $(X, Y) \in T$ 和任

意 $\alpha \geq 0$，均有 $\alpha(X, Y) = (\alpha X, \alpha Y) \in T$。

（4-2）收缩性公理（经济学界也成为非递增的规模收益）对任意（X, Y）$\in T$ 和任意 $\alpha \in (0, 1]$，均有 $\alpha(X, Y) = (\alpha X, \alpha Y) \in T$。

（4-3）扩张性公理（经济学界称其为非递减的规模收益）对任意（X, Y）$\in T$ 和任意 $\alpha \geq 1$，均有 $\alpha(X, Y) = (\alpha X, \alpha Y) \in T$。

（5）最小性公理 T 是所有满足公理（1）~（3），或者公理（1）~（3）以及公理（4-1）、（4-2）和（4-3）三者之一的所有集合的交集。

1. C^2R 模型

C^2R 模型对应的生产可行集满足平凡公理、凸性公理、无效性公理、锥性公理和最小性公理，并由下式唯一确定：$T = \{(X,Y) \mid \sum_{j=1}^{n} X_j \lambda_j \leq X,$ $\sum_{j=1}^{n} Y_j \lambda_j \geq Y, \lambda_j \geq 0, j = 1, 2, \cdots, n\}$。初始的 C^2R 模型是一个分式规划：

$$\text{Max} \quad V_p = \frac{u^T Y_0}{v^T X_0}$$

$$s.t. \quad \frac{u^T Y_j}{v^T X_j} \leq 1, \ j = 1, 2, \cdots, n \tag{5.16}$$

$$u \geq 0, \ v \geq 0$$

上述模型可以通过 Charnes-Cooper 变换转换为等价的线性规划形式：

$$\text{Max} \quad V_p = \mu^T Y_0$$

$$\omega^T X_j - \mu^T Y_j \geq 0, \ j = 1, \cdots, n$$

$$s.t. \quad \omega^T X_0 = 1 \tag{5.17}$$

$$\omega \geq 0, \ \mu \geq 0$$

若线性规划（5.17）的最优解 ω^0，μ^0 满足 $\mu^{0T} Y_0 = 1$，则称决策单元 j_0 为弱 DEA 有效；若线性规划（5.17）的最优解存在 $\omega \geq 0$，$\mu \geq 0$ 并且目标值为 $\mu^{0T} Y_0 = 1$，则称决策单元 j_0 为 DEA 有效。

模型（5.17）的对偶规划为：

$$\text{Min} \quad \theta$$

$$\sum_{j=1}^{n} X_j \lambda_j + S^- = \theta X_0,$$

$$s.t. \quad \sum_{j=1}^{n} Y_j \lambda_j - S^+ = Y_0, \tag{5.18}$$

$$\lambda_j \geq 0, j = 1, 2, \cdots, n, S^- \geq 0, S^+ \geq 0$$

其中 $S^- = (s_1^-, s_2^-, \cdots, s_n^-)^T$ 为松弛变量，$S^+ = (s_1^+, s_2^+, \cdots, s_n^+)^T$ 为剩余变量，（X_0, Y_0）表示被评价的决策单元 j_0 的输入输出。值得指出的是，

对偶规划是有经济意义的，可用来判断决策单元所对应的点是否位于生产前沿面上。

若对偶规划（5.18）的最优值为1，则称决策单元 j_0 为弱 DEA 有效；若对偶规划（5.18）的最优值为1，并且它的每个最优解 λ^0，S^{0-}，S^{0+}，θ^0 都有 $S^{0-}=0$，$S^{0+}=0$，则称决策单元 j_0 为 DEA 有效。

因此，在评价决策单元是否 DEA 有效的时候，若利用线性规划（5.17），需要判断是否存在最优解 ω^0，μ^0 满足 $\omega^0 \geq 0$，$\mu^0 \geq 0$，$\mu^{0T}Y_0 = 1$；若利用对偶规划，需要判断它的每个最优解 λ^0，S^{0-}，S^{0+}，θ^0 都满足 $S^{0-}=0$，$S^{0+}=0$，且最优值为1。这说明无论是利用线性规划（5.17）还是对偶规划（5.18），直接判断决策单元是否 DEA 有效是不容易的。所以查尼斯等（1978）引入了非阿基米德无穷小 ε 的概念，解决了上述困难，并给出了具有非阿基米德无穷小 ε 的 C^2R 模型，则模型（5.18）变为：

$$\text{Min} \quad \theta - \varepsilon\left(\sum_{i=1}^{m} s_i^- + \sum_{r=1}^{s} s_r^+\right)$$

$$\text{s. t.} \quad
\begin{aligned}
&\sum_{j=1}^{n} X_j \lambda_j + S^- = \theta X_0, \\
&\sum_{j=1}^{n} Y_j \lambda_j - S^+ = Y_0, \\
&S^- \geq 0,\ S^+ \geq 0,\ \lambda_j \geq 0,\ j = 1, 2, \cdots, n
\end{aligned}
\tag{5.19}$$

若决策单元 j_0 的最优值 $\theta^0 = 1$，则称决策单元 j_0 为弱 DEA 有效；若决策单元 j_0 的最优值 $\theta^0 = 1$，且 $S^{0-}=0$，$S^{0+}=0$，则称决策单元 j_0 为 DEA 有效。

2. BC^2 模型

1984 年，班克等（Banker et al.）给出了 BC^2 模型，与它相对应的生产可行集满足平凡公理、凸性公理、无效性公理和最小性公理，并由下式唯一确定：$T = \left\{ (X, Y) \mid \sum_{j=1}^{n} X_j \lambda_j \leq X,\ \sum_{j=1}^{n} Y_j \lambda_j \geq Y,\ \sum_{j=1}^{n} \lambda_j = 1,\ j = 1, 2, \cdots, n \right\}$。如果从输入角度测度决策单元的有效性，$BC^2$ 模型的线性规划形式如下：

$$\text{Max} \quad V_p = \mu^T Y_0 + \mu_0$$

$$\text{s. t.} \quad
\begin{aligned}
&\omega^T X_j - \mu^T Y_j - \mu_0 \geq 0,\ j = 1, \cdots, n \\
&\omega^T X_0 = 1 \\
&\omega \geq 0,\ \mu \geq 0
\end{aligned}
\tag{5.20}$$

其对偶模型为：

$$\text{Min} \quad \theta$$

$$\sum\nolimits_{j=1}^{n} X_j \lambda_j + S^- = \theta X_0,$$

$$\text{s. t.} \quad \sum\nolimits_{j=1}^{n} Y_j \lambda_j - S^+ = Y_0, \tag{5.21}$$

$$\sum\nolimits_{j=1}^{n} \lambda_j = 1,$$

$$\lambda_j \geqslant 0, j = 1, 2, \cdots, n, S^- \geqslant 0, S^+ \geqslant 0$$

引入非阿基米德无穷小 ε，对偶模型（5.21）变为：

$$\text{Min} \quad \theta - \varepsilon \left(\sum_{i=1}^{m} s_i^- + \sum_{r=1}^{s} s_r^+ \right)$$

$$\sum\nolimits_{j=1}^{n} X_j \lambda_j + S^- = \theta X_0,$$

$$\text{s. t.} \quad \sum\nolimits_{j=1}^{n} Y_j \lambda_j - S^+ = Y_0, \tag{5.22}$$

$$\sum\nolimits_{j=1}^{n} \lambda_j = 1$$

$$S^- \geqslant 0, S^+ \geqslant 0, \lambda_j \geqslant 0, j = 1, 2, \cdots, n$$

若决策单元 j_0 的最优值 $\theta^0 = 1$，则称决策单元 j_0 为弱 DEA 有效；若决策单元 j_0 的最优值 $\theta^0 = 1$，且 $S^{0-} = 0$，$S^{0+} = 0$，则称决策单元 j_0 为 DEA 有效。

3. FG 模型

FG 模型是 1985 年由法勒和格罗斯克夫（Fare and Grosskopf）提出的，与它相对应的生产可行集满足平凡公理、凸性公理、收缩性公理、无效性公理和最小性公理，并由下式唯一确定：$T = \{(X, Y) \mid \sum\nolimits_{j=1}^{n} X_j \lambda_j \leqslant X, \sum\nolimits_{j=1}^{n} Y_j \lambda_j \geqslant Y, \sum\nolimits_{j=1}^{n} \lambda_j \leqslant 1, j = 1, 2, \cdots, n\}$。具有非阿基米德无穷小 ε 的 FG 模型为：

$$\text{Min} \quad \theta - \varepsilon \left(\sum_{i=1}^{m} s_i^- + \sum_{r=1}^{s} s_r^+ \right)$$

$$\sum\nolimits_{j=1}^{n} X_j \lambda_j + S^- = \theta X_0,$$

$$\text{s. t.} \quad \sum\nolimits_{j=1}^{n} Y_j \lambda_j - S^+ = Y_0, \tag{5.23}$$

$$\sum\nolimits_{j=1}^{n} \lambda_j \leqslant 1,$$

$$S^- \geqslant 0, S^+ \geqslant 0, \lambda_j \geqslant 0, j = 1, 2, \cdots, n$$

4. ST 模型

1990 年，塞弗德和索尔（Seiford and Thrall）提出了 ST 模型，与它相对应的生产可行集满足平凡公理、凸性公理、扩张性公理、无效性公理和最小性公理，并由下式唯一确定：$T = \{(X, Y) \mid \sum\nolimits_{j=1}^{n} X_j \lambda_j \leqslant X, \sum\nolimits_{j=1}^{n} Y_j \lambda_j \geqslant Y,$

$\sum_{j=1}^{n} \lambda_j \geqslant 1, j = 1, 2, \cdots, n$ 。具有非阿基米德无穷小 ε 的 FG 模型为：

$$\text{Min} \quad \theta - \varepsilon \left(\sum_{i=1}^{m} s_i^- + \sum_{r=1}^{s} s_r^+ \right)$$

$$\text{s. t.} \quad \begin{aligned} & \sum_{j=1}^{n} X_j \lambda_j + S^- = \theta X_0, \\ & \sum_{j=1}^{n} Y_j \lambda_j - S^+ = Y_0, \\ & \sum_{j=1}^{n} \lambda_j \geqslant 1, \\ & S^- \geqslant 0, \ S^+ \geqslant 0, \ \lambda_j \geqslant 0, \ j = 1, 2, \cdots, n \end{aligned} \tag{5.24}$$

若 (5.23)、(5.24) 的最优值 $\theta^0 = 1$，则称决策单元 j_0 为弱 DEA 有效；若 (5.23)、(5.24) 的最优值 $\theta^0 = 1$，且 $S^{0-} = 0$，$S^{0+} = 0$，则称决策单元 j_0 为 DEA 有效。

值得指出的是，在 DEA 的各种模型中，人们更习惯将对偶模型应用到实际中去，这是因为对偶模型的求解比原始的模型简单，并且对偶模型的经济意义更加明确；上述四个基本 DEA 模型只能将决策单元分为无效决策单元和有效决策单元，无效决策单元的 DEA 效率值介于 0 ~ 1 之间，越接近 0 越无效，可以排序，而效率值为 1 的有效决策单元却无法排序。

5. 超效率 DEA 模型

应用 DEA 方法的最重要目的就是对各个决策单元的相对效率进行排序，但是，由于传统的 C^2R 模型和 BC^2 模型得到的有效决策单元往往不止一个，尤其是在决策单元的个数与输入输出数量相比较少时，决策单元会出现同时有效的情况，因此就很难对同时有效的决策单元的效率进行排序，进而对所有决策单元进行排序。针对这一现象，安德森和彼得森（Andersen and Petersen，1993）在对基本 DEA 模型进行修正的基础上提出了一个对同时有效的决策单元进行排序的模型—超效率 DEA 模型。它的基本思想是对第 j_0 个决策单元进行评价时，将决策单元 j_0 从约束集合中除去，使其输入输出被其他决策单元的输入输出的线性组合所替代。基于 C^2R 模型的含有非阿基米德无穷小 ε 的超效率 DEA 模型如下：

$$\text{Min} \quad \theta - \varepsilon \left(\sum_{i=1}^{m} s_i^- + \sum_{r=1}^{s} s_r^+ \right)$$

$$\text{s. t.} \quad \begin{aligned} & \sum_{\substack{j=1 \\ j \neq j_0}}^{n} X_j \lambda_j + S^- = \theta X_0, \\ & \sum_{\substack{j=1 \\ j \neq j_0}}^{n} Y_j \lambda_j - S^+ = Y_0, \\ & S^- \geqslant 0, \ S^+ \geqslant 0, \ \lambda_j \geqslant 0, \ j = 1, 2, \cdots, n \end{aligned} \tag{5.25}$$

由于对第 j_0 个决策单元进行评价时，决策单元 j_0 被排除在约束集合外，因此，用超效率 DEA 模型得到的无效率决策单元的效率值与模型（5.19）得到的效率值一致，但对于有效的决策单元，其效率值会大于 1，此时，效率值越大，决策单元越有效。因而就可以对同时有效的决策单元进行排序，从而可以得到所有决策单元的排序。

（二）评估相对估值效率的 DEA 模型

1. 基础模型

假设股票市场是一个输入输出转换系统，每只（或一类）股票可视为一个决策单元；设有 $j = 1$，…，n 种股票，分别在 $s = 1$，…，p 个市场中上市，对于在 s 市场上市的股票 j 记为 DMU_j^s，每个决策单元有 m 个输入和 1 个输出。输入向量为 $X_j^s = (x_{1j}^s, \cdots, x_{mj}^s)^T$，根据股票市价＝内在价值＋市场溢价＋交易溢（折）价＋随机波动这一定价模式选择输入指标使它们分别反映股票的内在价值、市场环境、交易特性和风险等估值要素；输出向量 $Y_j^s = (y_j^s)^T$，是股票的价格。全部决策单元集合记为 $J = \{DMU_j^s, j = 1, \cdots, n; s = 1, \cdots, p\}$。则具有非阿基米德无穷小 ε 的综合要素 C^2R 模型和超效率 DEA 模型为：

$$\max \theta_{j_0, DEA}^s = \frac{y_{j_0}^s}{\sum_{i=1}^m v_i x_{ij_0}^s}$$

$$\text{s. t.} \quad \frac{y_j^s}{\sum_{i=1}^m v_i x_{ij}^s} \leq 1, \ j = 1, \cdots, n; \ s = 1, \cdots, p \qquad (5.26)$$

$$v_i \geq \varepsilon, \ i = 1, 2, \cdots, m$$

超效率 DEA 模型为：

$$\max \theta_{j_0, DEA}^s = \frac{y_{j_0}^s}{\sum_{i=1}^m v_i x_{ij_0}^s}$$

$$\text{s. t.} \quad \frac{y_j^s}{\sum_{i=1}^m v_i x_{ij}^s} \leq 1, \ j = 1, \cdots, n; \ j \neq j_0; \ s = 1, \cdots, p \qquad (5.27)$$

$$v_i \geq \varepsilon, \ i = 1, 2, \cdots, m$$

式中，$\theta_{j_0, DEA}^s$ 为在 s 市场上市的股票 j_0 的 DEA 估值效率，v_i 为相应的权重。对于模型（5.26）来说，$\theta_{j_0, DEA}^s = 1$ 说明被评价股票 $DMU_{j_0}^s$ 相对估值有效，而对于模型（5.27）来说，$\theta_{j_0, DEA}^s \geq 1$ 说明被评价股票 $DMU_{j_0}^s$ 相对估值有效，这都表明在投入相同估值要素的情况下，不会有其他股票的定价更高，或者，在相同价格的情况下，不会有其他股票的估值要素投入更少；反之，表明 $DMU_{j_0}^s$ 无效。值得指出的是，实际应用中，也可以根据需要采用其他 DEA 模型形式。

2. 变量选择

由于影响股票价格变化的因素复杂多样，要构造包含所有因素的 DEA 模型是不可能的。然而，为了让估值与股价的误差更小，测度结果能更准确地反映出市场之间、行业之间或股票之间的估值效率的程度差异以及无效的原因，在实际应用过程中，应当将尽可能多的估值要素纳入 DEA 模型。但是，在一个证券市场内，由于许多宏观经济变量（如利率、市场发展阶段、制度等）对所有股票（决策单元）的影响相近甚至相同，因此，在进行单一市场内的效率研究中，可以不将这些宏观经济变量纳入 DEA 模型中，因为这不会改变相对比较的结果。但是在进行跨市场研究中，则必须将宏观经济变量引入 DEA 模型。

按照绝对价值和相对价值的股票定价模式，"股票价格 = 内在价值 + 市场溢价 + 交易溢（折）价 + 随机波动"。其中，内在价值是指股票的内在品质（如公司资产质量、公司成长性、行业特性等）；市场溢价是指由市场本身的特性决定的相对于其他市场的比较价值，市场特性主要包括市场的制度背景、市场的规范程度、市场所处的发展阶段等；交易溢（折）价是指由股票的交易特性和投资者的偏好所决定的比较价值，交易特性主要包括流通股大小、股本的结构和规模、交易的活跃性等；随机波动是指由投资者行为所决定的交易价格偏差。在对股票估值要素进行全面分析的基础上，分析确定对股票估值具有稳定函数关系和明确经济意义的四类主要要素，如内在价值要素（如每股净资产、每股收益、盈利增长率等）；市场环境要素（如无风险利率、通货膨胀率、市场指数水平等）；股票交易特性（如流通股本等）；风险测度（β）等及其对应量化指标的设计。在进行实证分析时，根据研究对象的不同，可以根据上述定价模式有选择的确定 DEA 模型的输入变量，比如以同一个市场中的行业为研究对象时，可以考虑行业的每股净资产、每股收益、流通股本、行业增长率、年换手率等，它们分别反映了盈利能力、股东权益、行业成长性、交易特性，而国家的利率、汇率等宏观经济变量可以不必考虑。

3. 数据规范化

按照 DEA 理论，代入 DEA 模型的数据符合的准则是：输入输出数据必须严格为正值，并且符合投入产出生产函数的条件和形式，即输入输出是正向关系，输入越大时输出越大，输入越小时输出越小。因此，在运用模型进行效率评估时，必须先对输入输出数据进行规范化处理，然后再代入模型。

数据规范化的可行做法是：当输入变量出现负值时，取一个适当的正数加上对应输入项，使输入数据为严格正值；当输入输出数据不满足生产函数的形式和条件时，可以采取如下两种方法：一是取输入数据的倒数，使其满足输入输出数据是正向关系这一特性；二是取一个适当大的正值分别减去对应输入数据，使所有输入数据非负，并满足输入输出数据是正向关系这一特性。然而，对于数据规范化做法中正数的取值不是可以随意取的，为了避免因数据规范化错误而影响 DEA 的效率评估结果，萨尔基斯（Sarkis，2001）通过实验发现正数的取值应该满足最低处理原则，不能取太小或太大的正值，同时还应尽量使不同的输入数据的数量级相近。

第五节　基于 SFA 的相对估值效率研究方法

一、基本思想

随机前沿分析（Stochastic Frontier Analysis，SFA）最早由缪森和布洛克（Meeusen and Broeck，1977），艾格纳等（Aigne et al.，1977）等分别提出，是目前应用最广的参数分析方法。虽然此方法最早只是应用于生产函数关系，但后来已逐渐扩展到经济金融领域。已有国内研究主要集中于将 SFA 方法应用于商业银行、企业、医院等机构的技术效率及其影响因素的分析，以及基于区域、行业视角的技术效率研究。早在 20 世纪 90 年代，已有一些学者将 SFA 应用于开放式基金以及股票 IPO 抑价的研究。如李（2002）、安纳尔特（Annaert，2003）等分别使用随机前沿分析方法对欧洲股票型基金进行了研究，发现欧洲股票型基金存在显著的规模经济效应，基金效率值具有持续性。桑托斯（Santos，2005）也使用随机前沿分析方法对 2001～2003 年巴西 307 只股票型基金的效率进行了考察，结果发现，投资组合变化较少的基金，其运行效率也较高。钱等（2007）采用 SFA 方法对比研究了美国公司全球 IPO 和单一国内 IPO 的估值效率，发现全球 IPO 价格的估值效率比单纯国内全球 IPO 高 3.1%。

可见，SFA 方法在评价估值效率方面有自身的优势，它同样可以度量市场无效的程度，考虑更多的输入指标；分析市场无效的原因和影响因素，相关参数和效率测度指标有更明确的经济意义，可以为市场参与者认知市场规律和估值偏好提供更多的决策信息；可以减少误差，避免主观因素。

若将股票价格作为 SFA 的输出，影响股票价格的所有估值因素作为输入，则可以通过研究市场的股票估值定价函数，深入了解市场估值模式以及市场相对估值效率。

二、方法模型

（一）SFA 的基础模型

缪森和布洛克（1977）提出的 SFA 模型为：

$$Y_i = f(x_i, \beta)\exp(v_i)\exp(-u_i), \quad i = 1, \cdots, N \qquad (5.28)$$

其中，Y_i 表示产出，x_i 表示投入，β 为模型参数。在他们提出的模型中，将随机扰动 ε_i 分为两部分：一部分用于表示统计误差，又被称为随机误差项，用 v_i 来表示；另一部分用于表示技术的无效率，又被称为非负误差项，用 u_i 来表示。

当模型的生产函数选择 Cobb – Douglas 生产函数时，式（5.28）可写成下面的线性形式：

$$\ln Y_i = \beta_0 + \sum_j \beta_j \ln x_{ij} + v_i - u_i, \quad i = 1, \cdots, N \qquad (5.29)$$

并有如下假设：

（1）随机误差项 $v_i \sim iidN(0, \sigma_v^2)$，主要是由不可控因素引起，如自然灾害、天气因素等。

（2）非负误差项 $u_i \sim iidN^+(0, \sigma_u^2)$，取截断正态分布（截去小于 0 的部分），且有 u_i、v_i 相互独立。

（3）u_i、v_i 与解释变量 x_i 相互独立。

巴提斯等（Battese et al.，1992）在前人研究的基础上进行了改进，引入了时间的概念，使 SFA 模型可以对面板数据进行效率评价。具体模型如下：

$$Y_{it} = f(x_{it}, \beta)\exp(v_{it})\exp(-u_{it}), \quad i = 1, \cdots, N, \quad t = 1, \cdots, T \qquad (5.30)$$

在式（5.30）中，Y_{it} 是第 i 个决策单元的 t 时期产出，x_{it} 是第 i 个决策单元的 t 时期的全部投入，β 为模型参数，v_{it} 为随机误差项，$u_{it} = u_i\exp(-\eta(t-T))$ 为非负误差项，η 为被估计的参数。

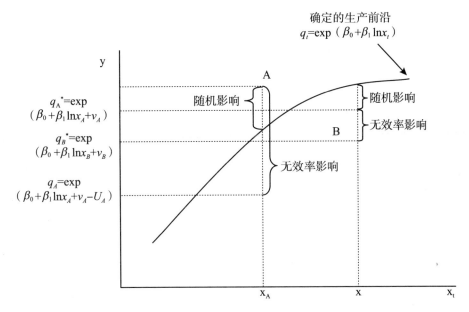

图 5 – 1 SFA 模型的技术效率

图 5 – 1 中，由 Cobb – Douglas 生产函数确定的生产前沿面为：

$$\ln q_i = \beta_0 + \beta_1 \ln x_i \qquad (5.31)$$

而基于这个确定生产前沿面的随机前沿模型为：

$$\ln q_i = \beta_0 + \beta_1 \ln x_i + v_i - u_i \qquad (5.32)$$

也可以表示为：

$$q_i = \exp(\beta_0 + \beta_1 \ln x_i + v_i - u_i) \qquad (5.33)$$

A、B 两点分别表示随机影响为正或为负的情况：

A 点表示随机影响为正，则随机误差项 v_A 为正数，生产前沿面上移到 $q_A^* = \exp(\beta_0 + \beta_1 \ln x_A + v_A)$，样本的技术效率为：

$$TE_A = \frac{q_A}{q_A^*} = \frac{\exp(\beta_0 + \beta_1 \ln x_A + v_A - u_A)}{\exp(\beta_0 + \beta_1 \ln x_A + v_A)} \qquad (5.34)$$

B 点表示随机影响为负，则随机误差项 v_B 为负数，生产前沿面下移到 $q_B^* = \exp(\beta_0 + \beta_1 \ln x_B + v_B)$，样本的技术效率为：

$$TE_B = \frac{q_B}{q_B^*} = \frac{\exp(\beta_0 + \beta_1 \ln x_B + v_B - u_B)}{\exp(\beta_0 + \beta_1 \ln x_B + v_B)} \qquad (5.35)$$

对于式（5.28），SFA 技术效率的计算式为：

$$TE_i = \exp(-U_i) = \frac{Y_i}{f(x_i, \beta)\exp(V_i)} \qquad (5.36)$$

在 U_i 的分布已知的情况下，可以计算出技术效率的平均值 $TE = E[\exp(-U_i)]$，但是，通过该方法若想计算出各样本点的技术效率值却有些困难。因为我们可以根据样本点的观测值得出模型中参数的估计值，并根据这些估计值求出残差 ε_i，但是，我们无法计算出每个 U_i 和 V_i 的估计值。

为了能够计算出每个样本点的技术效率，约德罗等（Jondrow J, et al., 1982）将技术效率定义为 $TE_i = \exp[-E(U_i \mid \varepsilon_i)]$，该方法被称为 JLMS 技术，他们分别就半正态分布和指数分布推导了 $E(U_i \mid \varepsilon_i)$ 的表达式，得出了技术效率值，解决了技术效率计算的问题。

SFA 方法通过极大似然法估计出各个参数值，然后用技术无效率项的条件期望作为技术效率值。与 DEA 方法相比，其结果一般不会有效率值相同并且为 1 的情况，并且 SFA 方法充分利用了每个样本的信息并且计算结果稳定，受特殊点影响较小，具有可比性强、可靠性高的优点。

（二）评估相对估值效率的 SFA 模型

1. 基础模型

与评估相对估值效率的 DEA 模型类似，假设股票市场是一个输入输出转换系统，以股票价格 Y_i 为产出，各类估值因素 x_i 为投入，当模型的生产函数选择 Cobb - Douglas 生产函数时，基于截面数据和面板数据的评估相对估值效率的 SFA 模型可分别写成下面的线性形式：

$$Y_i = f(x_i, \beta)\exp(v_i)\exp(-u_i), \quad i = 1, \cdots, N \tag{5.37}$$

$$Y_{it} = f(x_{it}, \beta)\exp(v_{it})\exp(-u_{it}), \quad i = 1, \cdots, N, \ t = 1, \cdots, T \tag{5.38}$$

在式（5.38）中，Y_{it} 是第 i 只股票 t 时期的价格（产出），x_{it} 是第 i 只股票 t 时期的各类估值变量（投入），β 为模型参数，v_{it} 为随机误差项，$u_{it} = u_i\exp(-\eta(t-T))$ 为非负误差项，η 为被估计的参数。

SFA 技术效率为：

$$TE_i = \exp(-U_i) = \frac{Y_i}{f(x_i, \beta)\exp(V_i)} \tag{5.39}$$

式（5.37）、（5.38）中的 β 反映了股票定价函数中各类估值因素的定价贡献率，反映了市场的估值模式特征，β 越大说明该估值因素对股价的贡献率越大。TE_i 反映了市场对股票 i 的估值效率，$TE_i = 1$ 说明被评价股票 i 相对估值有效，$TE_i < 1$ 说明被评价股票 i 相对估值无效。对于整个市场而言，$TE = 1$ 说明被市场估值有效，$TE < 1$ 说明市场估值无效，通过对 TE 说明的均值、方差的研究可以进一步揭示市场的无效程度。

2. 变量选择

与评估相对估值效率的 DEA 模型类似，可以选择对股票估值具有稳定函数关系和明确经济意义的四类主要要素，如内在价值要素（如每股净资产、每股收益、盈利增长率等）；市场环境要素（如无风险利率、通货膨胀率、市场指数水平等）；股票交易特性（如流通股本等）；风险测度（β）等。在进行实证分析时，根据研究对象的不同，选择确定投入变量。如以同一个市场中的行业或个股为研究对象时，可以考虑行业的每股净资产、每股收益、流通股本、行业增长率、年换手率等，它们分别反映了盈利能力、股东权益、行业成长性、交易特性等，而进行跨市场研究时，应该考虑引入国家的利率、汇率等宏观经济变量。

3. 数据规范化

和 DEA 方法一样，SFA 方法要求投入产出数据均为正值，并且符合投入产出生产函数的条件和形式，即输入输出是正向关系，输入越大时输出越大，输入越小时输出越小。因此，在运用模型进行效率评估时，必须先对输入输出数据进行规范化处理，然后再代入模型。

第六节　相对效率评价的其他方法简述

一、基于区间效应测度的市场效率系数

哈斯布鲁克和施瓦茨（Hasbrouck and Schartz，1988）基于收益率方差的区间效应首次提出了市场效率系数（Market Efficiency Coefficient，MEC）的概念和计量公式：

$$MEC = Var(R_2)/(2 \times Var(R_1)) \qquad (5.40)$$

其中 R_2 表示证券的两日收益率，R_1 表示证券的日收益率，$VaR(R_2)$ 为 R_2 的样本方差，$VaR(R_1)$ 为 R_1 的样本方差。他们认为，在理想的市场中，市场效率系数为 1，表明收益率方差不存在区间效应（interval effects）。而在现实市场中，市场效率系数往往不等于 1，MEC 小于 1 意味着收益率之间存在着负相关性，这种负相关性可能是由于买卖价差、市场影响等因素造成的；MEC 大于 1 则意味着收益率之间存在着正相关性，这种正相关性可能与信息的逐步传播特性、动量交易行为等因素有关。

二、基于有效市场状态时间周期的 Hurst 指数

卡茹埃鲁和塔巴克（2004）基于"滚动样本"偏离有效市场状态的总时间周期提出了一个通过比较所选择市场在样本期间内偏离有效市场状态的总时间周期来评估市场相对效率的有益框架。即运用滚动样本方法计算 Hurst 指数的中位数、R/S 和修正的 R/S 统计量，以评估这些证券市场的相对效率。

令 $X(t)$ 为时间 t 的股票价格，$r(t)$ 为对数收益

$$r(t) = \ln\left(\frac{X(t+1)}{X(t)}\right) \tag{5.41}$$

定义 R/S 统计量为时间系列偏差累计的范围，为调整计算后的标准偏差。对于连续的资产收益样本而言，令 $\overline{r_\tau} = \frac{1}{\tau}\sum_\tau r_\tau$，$\tau$ 为时间跨度。则 R/S 统计量的表达式为：

$$(R/S)\tau \equiv \frac{1}{S_\tau}\left[\max_{1\leqslant t\leqslant\tau}\sum_{k=1}^t (r_k - \overline{r_\tau}) - \min_{1\leqslant t\leqslant\tau}\sum_{k=1}^t (r_k - \overline{r_\tau})\right] \tag{5.42}$$

式中，S_τ 为普通标准偏差估计：

$$S_\tau \equiv \left[\frac{1}{\tau}\sum_t (r_t - \overline{r_\tau})^2\right]^{\frac{1}{2}} \tag{5.43}$$

Hurst 发现，对于数量众多的时间序列记录而言，R/S 统计量可以由下列经验公式来描述：

$$(R/S)\tau = (\tau/2)^H \tag{5.44}$$

此外，克拉德等（Kellard et al.，1999）在研究期货市场效率时，提出市场无效的相对程度可以根据期货价格预测随后现货价格相对由最适合的准误差修正模型产生的预测的能力来衡量。基于预测误差方差比，在完全有效市场应该等于1，而在无效市场应该等于零，0 和 1 之间的值表示市场效率的程度。埃文斯（2006）则进一步规范提出了用方差比的绝对偏差作为评估市场相对信息效率的测度指标。

第三篇

相对信息效率
评价实证研究

第六章

基于价格波动同步性的市场间
相对信息效率测度

第一节　引　　言

　　股票价格引导资源优化配置作用的大小取决于其反映公司真实信息的能力。在股票价格所包含的信息中，公司层面的特质信息所占比例越大，这样的股票价格才能更有效地反映出公司的实际价值，才能发挥股价引导资本实现优化配置的作用，相反，如果所占比例越小，则股价的这种指导意义会被削弱。股票价格能否反映出上市公司的实际信息和价值，是股票市场有效的前提条件，也是评价其有效性水平重要指标。

　　在一个有效市场中，股票市场价格及其波动应该包含历史信息、公开信息以及内幕信息等多方面的信息，另外，上市公司股票价格主要受三个层面信息的影响：即宏观股票市场层面信息、公司所处行业层面信息以及公司层面所具有的特质信息。宏观的市场和行业层面信息属于公共信息，与股票内在价值的关系是间接的，在个体股票的投资分析实践中作用相对较小，投资者在分析股票交易价值、选择投资策略时主要利用的还是公司层面的特质信息，因此，在有效市场中，决定公司股价波动的主要因素应该是公司层面的特质信息。如果股票市场的价格发现功能是健全的，那么，公司层面的特质信息是决定股价涨跌的最主要因素，股价对股票内在价值的暂时偏离，会由于市场的价格发现和套利机制的存在而得到自动纠正。公司股价与市场指数以及行业指数波动的同步性较高，意味着公司层面的特质信息被较少地纳入到投资者的资产定价之中，对投资者的价值偏低，另外，它使得公司之间严重趋同，削弱了股价对公司价值传递和反馈功能。

　　罗尔（1988）创造性地提出股价波动同步性的概念，其含义是公司个股
市场价格和整个股票市场平均价格在变动上表现出的关联性，而这种股价波动
同步性的度量是依据资本资产定价模型来实现的。尽管早在 1988 年，股价波
动同步性的概念就被提出来了，然而有关使用股价波动同步性来度量股票市场
信息效率的研究方法是最近十几年才出现的。这要归功于莫克等（2000）在
一篇开创性文章中的发现：发达股票市场比新兴市场具有更低的股价波动同
步性。在比较发达的股票市场中，由于监管机构非常重视对投资者的保护，
也拥有较为完善的法律规范。因此，投资者的信息套利行为将会被进一步激
发，这就使得股价能捕获更多公司层面的特质信息，从而股票的定价更为有
效。德内弗等（2003）在实证检验中，选择了美国股票市场的上市公司为
研究对象，研究结果发现股价波动同步性越低，公司收益越能反映出未来的
盈余信息，印证了公司之间同步性的差异应归因于股票价格所包含公司特质
信息的不同。

　　莫克等（2000）对世界 40 个股票市场股价波动同步性的研究中，美国、
英国、加拿大、澳大利亚等发达的股票市场股价波动同步性程度较低，R^2 一
般都在 10% 以下，而中国、波兰、马来西亚等新兴股票市场的股价波动同步
性较高，R^2 都在 40% 以上，波兰第一，中国第二。金和迈尔斯（2006）所考
察的 40 个国家股票市场中，中国股价波动同步性位居世界第一，中国股票市
场的同涨共跌现象十分的严重。游家兴（2006）在德内弗等（2003）的工作
基础之上，运用了两种不同的方法来度量中国 A 股市场 1994～2005 年股价波
动的同步性，无论是采用日收益还是周收益，计算结果都相同，各股价的波动
同步性较高，同涨共跌现象非常严重。孙春花（2012）从蓝筹股角度对中国
股票市场的效率进行了检验研究，也获得了和前面一致的结论，我国股市受市
场和行业层面相关信息的影响比较大。

　　应该说，上述研究都取得了不错的成果，但是，它们都是孤立地研究单一
股票市场自身的有效性。而 20 世纪 80 年代以来出现的"同质"股票交叉上市
现象，为我们基于"同质"股票考察不同市场的有效性提供了很好的样本，
为此，本书采用德内弗等（2003）以及游家兴（2006）等的研究思路方法，
以 A + H 股交叉上市公司作为分析样本，基于相对比较的视角来测度和评价中
国内地和中国香港股票市场间的相对效率，预期成果可能会有更好的理论和现
实意义。

第二节　方法与模型

根据第五章第三节的讨论，本书选择第二种模型和方法，即资产定价模型分解法来度量交叉上市股票的股价波动同步性。

设有如下回归模型：

$$Y_{i,t} = \alpha_i + \beta_i Y_{m,t} + \gamma_i Y_{I,t} + \varepsilon_{i,t} \qquad (6.1)$$

$Y_{i,t}$ 是股票 i 在第 t 期的收益率，$Y_{m,t}$ 是第 t 期整个市场指数的收益率，而 $Y_{I,t}$ 是第 t 期股票所在行业指数的收益率。

回归平方和与总离差平方和的比值 R^2 的计算公式为：

$$R^2 = \frac{\left[\sum\limits_{i=1}^{n} (y_i - \bar{y})(\hat{y}_i - \bar{y}) \right]^2}{\left[\sum\limits_{i=1}^{n} (y_i - \bar{y})^2 \right]\left[\sum\limits_{i=1}^{n} (\hat{y}_i - \bar{y})^2 \right]} \quad R^2 \in [0, 1] \qquad (6.2)$$

由于回归分析中的解释变量的个数都是相同的，不会对分析造成影响，所以不采用修正的拟合优度判定系数，而直接采用 R^2 作为股价波动同步性的度量。

对于整个 A+H 股板块在两个股票市场的股价波动同步性水平，可以通过对个股 R_i^2 进行等权平均或加权平均而获得，并以此代表其在两个股票市场的信息效率。值得指出的是，由于本书的研究样本只是所研究股票市场的一部分，并不能完整代表整个股票市场的信息效率，所以这里所说的股票市场信息效率，只是针对 A+H 交叉上市股票这个板块而言的。

等权平均：

$$\bar{R}^2 = \frac{1}{n} \sum_{i=1}^{n} R_i^2 \quad (i = 1, 2, \cdots, n) \qquad (6.3)$$

加权平均：

$$\hat{R}^2 = \sum_{i=1}^{n} \eta_i R_i^2 \quad \left(\sum_{i=1}^{n} \eta_i = 1 \right) \qquad (6.4)$$

$\bar{R}^2(\hat{R}^2)$ 越高说明这个股票市场中各个公司受大盘和行业的影响就越大，股价波动表现出跟随大盘和行业同涨共跌的现象更加明显，公司股票价格被宏观市场和行业所影响和主导，然而，公司层面的特质信息却没有被传递出去，反映在股票价格中，这样的股票市场拥有相对更低的信息效率。

第三节　实证分析

一、数据选择

本书选择在 A + H 股交叉上市的公司作为样本，选择 2010 年 1 月 1 日至 2012 年 12 月 31 日最近三个财务年度作为研究时间窗口。由于此期间分别有多家新上市公司，如 2010 年有 5 家、2011 年有 6 家，2012 年有 10 家公司成为 A + H 股公司。为了避免个股 IPO 对个股股价以及股价波动同步性的影响，本书将剔除当年新上市成为 A + H 股的公司，只在其 IPO 的下一年度将其纳入到研究样本中。截至 2012 年 12 月 31 日，同时在 A 股和 H 股上市交易的公司共有 82 家，而满足上述研究条件的 A + H 股交叉上市公司，2012 年有 72 家，2011 年有 66 家，2010 年有 61 家。所有 A 股数据和 H 股数据以及其他行业、市场数据都由锐思（RESSET）和万得（Wind）金融数据库获取。

对于公司所属行业的划分，A 股市场除制造业按二级行业门类划分外，其余都按证监会一级行业门类划分。H 股市场由于港交所对制造业分类比较详细，所以都按港交所一级门类划分。对于金融行业而言，由于其行业的特殊性，其和股票市场的相互关系极为密切，而股票市场本身又属于金融系统。因此在度量整个市场同步性时，考虑将其剔除。

二、数据预处理

在研究的时间窗口内，逐一收集每个交易周周末的各个 A + H 公司股票的收盘价、行业指数以及市场指数的收盘价，对其取自然对数后一阶差分，得到相应的周收益率序列。

考虑到 A 股由于涨跌幅度限制以及经常性的临时停牌，使得采集到的 A 股数据存在一些缺失，对于空缺数据必须设法修补或者剔除才能代入模型运算分析。为此，对于零散的缺失数据（3 个数据以下），本书采取平滑方法处理，而对于缺失数据较多的股票，如因为重大特殊情况而采取临时停牌的，则采用删除对应行业和股票市场指数的方法，再将剩下的数据代入模型计算。H 股数据的完整性比较好，不必进行缺失数据处理。

三、实证结果分析

对于 A + H 交叉上市股票这三年的数据计算得到的 R_i^2 值，由于篇幅的限制，此略。表 6 - 1 为每只股票在两个股票市场的具体 R_i^2 值及有关描述性统计结果。

表 6 - 1　　　　A + H 股股价波动同步性指标 R^2 值（2010 ~ 2012 年）

A 股代码	A - 2010	A - 2011	A - 2012	H 股代码	H - 2010	H - 2011	H2012
000063	0.489	0.520	0.452	00763	0.389	0.228	0.191
000157	—	0.680	0.593	01157	—	0.728	0.712
000338	0.432	0.575	0.621	02338	0.632	0.712	0.722
000488	0.776	0.691	0.518	01812	0.271	0.620	0.250
000585	0.384	0.537	0.200	00042	0.471	0.491	0.050
000666	0.308	0.511	0.357	00350	0.162	0.380	0.170
000756	0.803	0.573	0.655	00719	0.209	0.325	0.088
000898	0.765	0.727	0.728	00347	0.630	0.706	0.594
000921	0.329	0.513	0.236	00921	0.292	0.375	0.176
002202	—	0.519	0.800	02208	—	0.349	0.446
002490	—	0.596	0.390	00568	—	0.424	0.107
002594	—	—	0.269	01211	—	—	0.239
600011	0.390	0.674	0.356	00902	0.395	0.312	0.086
600012	0.418	0.488	0.700	00995	0.257	0.241	0.255
600016	0.827	0.669	0.638	01988	0.426	0.599	0.468
600026	0.767	0.781	0.799	01138	0.706	0.413	0.413
600027	0.635	0.674	0.571	01071	0.373	0.263	0.139
600028	0.870	0.447	0.540	00386	0.570	0.487	0.655
600029	0.649	0.605	0.649	01055	0.462	0.505	0.075
600030	—	—	0.730	06030	—	—	0.426
600036	0.861	0.775	0.761	03968	0.596	0.810	0.664
600115	0.515	0.632	0.379	00670	0.334	0.633	0.167
600188	0.730	0.588	0.770	01171	0.710	0.525	0.609

A 股代码	A－2010	A－2011	A－2012	H 股代码	H－2010	H－2011	H2012
600332	0.501	0.606	0.259	00874	0.091	0.525	0.022
600362	0.772	0.716	0.818	00358	0.782	0.901	0.786
600377	0.570	0.248	0.314	00177	0.137	0.168	0.229
600548	0.584	0.378	0.607	00548	0.273	0.319	0.176
600585	0.509	0.576	0.610	00914	0.525	0.749	0.458
600600	0.594	0.348	0.443	00168	0.489	0.378	0.166
600685	0.653	0.399	0.494	00317	0.602	0.718	0.515
600688	0.376	0.445	0.441	00338	0.410	0.420	0.309
600775	0.503	0.407	0.528	00553	0.278	0.258	0.104
600806	0.640	0.655	0.635	00300	0.155	0.534	0.284
600808	0.682	0.593	0.717	00323	0.548	0.687	0.567
600860	0.207	0.319	0.169	00187	0.067	0.080	0.040
600871	0.389	0.506	0.508	01033	0.316	0.521	0.417
600874	0.701	0.545	0.415	01065	0.499	0.544	0.271
600875	0.440	0.453	0.752	01072	0.488	0.392	0.510
600876	0.034	0.326	0.318	01108	0.223	0.419	0.370
601005	0.556	0.461	0.018	01053	0.663	0.694	0.166
601088	0.801	0.606	0.763	01088	0.719	0.691	0.632
601107	0.599	0.488	0.762	00107	0.276	0.258	0.174
601111	0.776	0.609	0.573	00753	0.493	0.704	0.152
601186	0.558	0.745	0.604	01186	0.255	0.571	0.216
601288	—	0.702	0.630	01288	—	0.740	0.616
601318	0.516	0.721	0.718	02318	0.503	0.784	0.720
601328	0.822	0.760	0.712	03328	0.744	0.797	0.671
601333	0.822	0.370	0.516	00525	0.606	0.418	0.120
601336	—	—	0.544	01336	—	—	0.430
601390	0.683	0.702	0.618	00390	0.339	0.610	0.267
601398	0.750	0.723	0.653	01398	0.751	0.915	0.753
601588	0.857	0.639	0.810	00588	0.680	0.591	0.320
601600	0.682	0.600	0.801	02600	0.862	0.751	0.724

A 股代码	A－2010	A－2011	A－2012	H 股代码	H－2010	H－2011	H2012
601601	0.618	0.709	0.748	02601	0.261	0.664	0.697
601607	—	—	0.479	02607	—	—	0.091
601618	0.626	0.591	0.728	01618	0.408	0.681	0.203
601628	0.696	0.661	0.667	02628	0.575	0.488	0.737
601633	—	—	0.402	02333	—	—	0.246
601727	0.577	0.367	0.670	02727	0.620	0.509	0.485
601766	0.207	0.371	0.427	01766	0.203	0.589	0.409
601808	0.385	0.304	0.503	02883	0.532	0.734	0.365
601857	0.691	0.802	0.827	00857	0.821	0.843	0.764
601866	0.681	0.580	0.636	02866	0.665	0.651	0.334
601880	—	0.576	0.328	02880	—	0.488	0.226
601898	0.876	0.566	0.697	01898	0.754	0.553	0.616
601899	0.654	0.474	0.511	02899	0.544	0.773	0.534
601919	0.756	0.751	0.656	01919	0.724	0.549	0.545
601939	0.685	0.672	0.516	00939	0.827	0.855	0.820
601988	0.684	0.789	0.536	03988	0.670	0.815	0.701
601991	0.702	0.716	0.457	00991	0.488	0.271	0.232
601992	—	—	0.715	02009	—	—	0.518
601998	0.814	0.422	0.765	00998	0.684	0.820	0.725

表 6－2　　　　　　　　　　A 股市场股价波动同步性

年份	最小值	最大值	中位数	平均值	平均值*	加权平均*
2010	0.0344	0.8759	0.6491	0.6095	0.5864	0.7306
2011	0.2480	0.8024	0.5894	0.5722	0.5485	0.6596
2012	0.0178	0.8265	0.6051	0.5657	0.5442	0.7021
平均值	—	—	—	0.5825	0.5597	0.6974

表 6 - 3　　　　　　　　　　　　H 股市场股价波动同步性

年份	最小值	最大值	中位数	平均值	平均值*	加权平均*
2010	0.0669	0.8623	0.4933	0.4826	0.4589	0.6531
2011	0.0798	0.9154	0.5514	0.5537	0.5138	0.6470
2012	0.0222	0.8197	0.3672	0.3907	0.3340	0.5980
平均值	—	—	—	0.4757	0.4356	0.6327

注：带 * 号为剔除了金融行业后的数据。

从表 6 - 2 和表 6 - 3 的统计结果可以看出：

（1）无论是等权平均还是加权平均，A + H 股交叉上市股票在 A 股市场的波动同步性都高于在 H 股的波动同步性。说明交叉上市公司在 H 股市场的股价所包含公司层面的信息更多一些。从总体上来讲，H 股市场对于 A + H 交叉上市股票而言，信息效率更高。

（2）剔除了金融行业的股票后，股价波动同步性在 A 股市场和 H 股市场都有所降低，说明金融行业的股价波动同步性高于整个市场的平均水平，但是这并不能说明金融行业在股票市场中的信息效率低。因为金融行业和股票市场的特殊关系，金融企业公司层面的信息中，有相当一部分是直接和股票市场相关的，所以金融行业的股价波动同步性较高也就不足为奇了，相反这还从某种意义上说明了金融企业的股价信息效率较高。

（3）无论是在 A 股市场还是 H 股市场，利用流通市值加权平均后的股价波动同步性都高于等权平均的股价波动同步性（剔除了金融行业）。这说明市值大的公司股价波动同步性更高。而按理论上来讲大公司公开披露的信息会更多，受到投资者的关注度也更高，其公司治理规范化程度都比普通公司高。如可能是市值大的股票对整个股票市场以及行业的影响也比较大，所以有可能出现股价波动同步性高的情况；还有可能是投资者的一种盲目跟随投资的"羊群效应"。但目前所掌握的数据有限，有待对这一问题的进一步研究。

（4）样本期间，尽管在不同年度的同步性有所波动，但 A + H 股交叉上市公司在 A 股市场的股价波动同步性呈现逐年降低的趋势，可见在 A 股市场的信息效率正在逐渐提高，也说明 A 股市场正逐步走向成熟。A + H 股交叉上市公司在 H 股市场的股价波动同步性相对较低。

（5）样本期间，A + H 股交叉上市公司在 A 股市场的股价波动同步性平均值为 55.97%，在 H 股市场的平均值为 43.56%，相对于发达国家股票市场股价波动同步性一般都在 10% 以下而言，A + H 股的股价波动同步性都是非常高的，这也说明 A + H 股在两个股票市场的信息效率都比较低。

四、小结

本章以 A + H 股交叉上市公司的股价、所处股票行业的指数和所处股票市场的综合指数作为原始样本数据，利用资产定价模型分解法来度量公司个股股价波动的同步性，以此来考察 A + H 股交叉上市公司在两个股票市场中的股价信息效率。结果显示：

A + H 股交叉上市公司在 A 股市场的信息效率低于在 H 股市场的信息效率，不过其在 A 股市场的信息效率正逐年改善、有所提高。但是整个 A + H 股交叉上市板块的信息效率同发达市场相比，差距还非常明显，还处于比较低效的程度。

值得指出的是，由于样本窗口时间偏短，在一定程度上影响了结论的效力，下一步将通过加大样本数据量来考察中国 A 股市场和中国香港市场相对信息效率的演变趋势，检验基于股价波动同步性测度方法的效果。

第七章

基于交叉上市股票的市场间
信息传递效应研究

第一节 引 言

经济全球化背景下，交叉上市股票信息是否能在两个股票市场有效地传递，即其股价信息能否相互影响对方这是一个具有重要价值的问题。市场之间的信息传递主要通过市场间的协同运动来反映，这种协同运动可以通过资产收益的均值溢出来体现，也可以通过资产收益的方差溢出或波动溢出来体现。前者是指一个市场的收益不仅受自身过去收益的影响，还受到别的市场前期收益的影响，而收益在市场之间的传递称为收益溢出效应；而后者指的是一个市场的波动不仅受到自身过去几期波动的影响，而且受到别的市场前期波动的影响，波动程度在市场之间的传递称为波动溢出效应。

班尼特和凯勒（Bennett and Keller, 1988）认为，交叉上市股票作为连接各国股市的一种纽带，无形中增加了资本市场的整合，提高了股市间的联动性。因此，研究交叉上市股票在不同市场间的信息传递，不仅可为构建多样化国际投资组合提供依据，也是研究各股票市场间信息效率的一个重要补充。

我国股市正处于快速发展阶段，出现了一批分别在中国内地、中国香港、美国等多地上市的交叉上市公司。由于美国市场、中国香港市场是相对发达的证券市场，因此，研究分别在三地上市的交叉上市公司股票的价格行为，有助于考察 A 股、H 股和 N 股相互之间的信息传递状况，为进一步考察我国 A 股市场的信息效率提供依据。有鉴于此，本章选择我国公司在中国内地、中国香港和美国三地交叉上市股票作为样本，考察其在三地市场间的信息传递效应。

截至 2010 年 12 月，我国 66 家 A + H 股上市的公司中，有 10 家也在纽约证券交易所上市，同时，这 10 家公司中有 5 家公司入选中国香港恒生指数，可以在一定程度上代表交叉上市股票在中国内地和中国香港的表现，因此，本章最终选用样本为 10 家 A + H + N 公司。

第二节 样本数据及收益率描述性统计

为了更清晰的反映中国内地、中国香港和美国股市间的信息传递效应，本书使用单只股票价格信息的传递能来解释证券市场之间的信息流动，以便弥补仅仅用三地的指数而捕捉不到的联动性。这 10 家公司的基本情况见表 7 - 2（注：下文的叙述中均用公司的 N 股代码来代表每家公司）。

考虑到 10 家 A + H + N 公司都是 A 股最晚发行，本书考察的时间段为每个公司的 A 股发行时间至 2010 年 12 月 31 日，由于上海石化公司 1997 年 8 月 14日前的数据未能搜集到，只能以此时间为考察起始期。

本书从雅虎财经网站获得了每个公司在三地上市的股票的日开盘价和日收盘价。在此期间，因为中国内地、中国香港和美国的节假日不同，剔除了三个市场未能同时开市的日期对应的数据。考虑到 A 股以人民币计价并交易，而 H股以港币计价并交易，N 股则以美元计价并交易，本书分别用港币兑人民币以及美元兑人民币的日汇率中间价将 H 股和 N 股的价格调整为人民币价格。汇率数据来自中国人民银行网站。

由于中国内地、中国香港在同一个时区，美国却在不同的时区，三地的交易时间均不相同，具体见表 7 - 1。在同一个交易日，中国内地 A 股市场比中国香港 H 股市场早开盘半个小时，早收盘一个小时。而在 A 股和 H 股开盘到收盘的交易时间中，美国 N 股市场为闭市状态。同样的，美国股市在从开盘到收盘的这段时间内，中国内地股市和中国香港股市却是闭市的。这就是说，中国内地股市与中国香港的开盘与收盘时间都是中国内地股市在前，中国香港在后；同时美国股市的开盘和收盘时间都是最晚的，与中国内地和中国香港股市没有重叠的交易时间。

本书在研究日交易时间内我国交叉上市股票在各上市地间的信息传递时，采取孙翼（2009）提出的收益率处理方法，对各类股票市场的日收益率进行分解，即将日收益率（昨日收盘—今日收盘）分解为两个部分：隔夜收益率（昨日收盘—今日开盘）、日间收益率（今日开盘—今日收盘），这样能更清晰的考察股市间不重叠时间的各股市之间的信息传递，特别是美国、中国内地和中国香港股市间的信息传递影响。

表7 – 1   中国内地、中国香港和美国股市交易时间

股票种类	上市地	当地时间		格林尼治标准时间	
		开市	闭市	开市	闭市
A 股	上海	09：30	15：00	01：30	07：00
H 股	香港	10：00	16：00	02：00	08：00
N 股	纽约	09：30	16：00	14：30	21：00

对于单个股票的收益率，本书采用对数收益率的计算方法，具体的股票隔夜收益率和日间收益率计算公式分别如式（7.1）、（7.2）：

$$R_{N,t} = \ln(O_t) - \ln(C_{t-1}) \tag{7.1}$$

$$R_{D,t} = \ln(C_t) - \ln(O_t) \tag{7.2}$$

其中，C_t 为 t 日的收盘价，O_t 为 t 日的开盘价。

基于以上的符号假设和关系式设定，具体到 A 股的隔夜和日间收益率时，可表示为：

$$R_{N,t}^A = \ln(O_t^A) - \ln(C_{t-1}^A) \tag{7.3}$$

$$R_{D,t}^A = \ln(O_t^A) - \ln(C_{t-1}^A) \tag{7.4}$$

其中，C_t^A 为 t 日 A 股的收盘价，O_t^A 为 t 日 A 股的开盘价。

依据 A 股的隔夜和日间收益率的符号假设，同理可分别得到 H 股和 N 股的隔夜日间收益率，依次为 $R_{N,t}^H$、$R_{D,t}^H$、$R_{N,t}^N$、$R_{D,t}^N$，具体计算公式与 A 股类似。

根据三类股价收益率的计算公式，基于对 10 家公司三类股票的日间收益率和隔夜收益率的描述性统计结果分别见表 7 – 2 和表 7 – 3。

表7 – 2   10 家 A + H + N 股上市公司的日间收益率的描述性统计

公司简称	样本数	股票	均值（%）	最大值	最小值	标准差	偏度	峰度	Jarque – Bera
SHI	3092	A	– 0.007	0.111	– 0.106	0.023	0.393	5.09	644.1
		H	– 0.146	0.256	– 0.228	0.034	0.325	7.30	2431.87
		N	– 0.043	0.227	– 0.142	0.020	0.711	14.57	17520

续表

公司简称	样本数	股票	均值（%）	最大值	最小值	标准差	偏度	峰度	Jarque – Bera
CEA	2864	A	-0.018	0.129	-0.175	0.026	0.053	6.34	1333.42
		H	-0.279	0.182	-0.258	0.035	0.121	7.12	2035.83
		N	-0.127	0.122	-0.185	0.020	-0.326	10.75	7220.83
YZC	2913	A	0.051	0.107	-0.144	0.027	-0.019	5.49	750.43
		H	-0.096	0.237	-0.203	0.032	0.104	6.75	1713.79
		N	0.059	0.142	-0.129	0.019	0.120	10.72	7237.60
SNP	1988	A	0.095	0.106	-0.108	0.024	0.226	5.64	593.64
		H	-0.045	0.136	-0.157	0.022	0.096	7.38	1591.29
		N	0.034	0.180	-0.089	0.017	0.830	13.31	9028.90
HNP	1972	A	0.029	0.109	-0.108	0.024	0.044	5.42	480.81
		H	-0.103	0.129	-0.116	0.021	0.170	5.70	608.64
		N	0.013	0.149	-0.107	0.017	0.189	11.75	6306.38
ZNH	1573	A	0.239	0.137	-0.143	0.031	0.012	4.77	205.18
		H	-0.189	0.134	-0.214	0.032	-0.233	6.17	671.75
		N	-0.028	0.179	-0.117	0.021	0.430	9.65	2949.09
GSH	922	A	0.030	0.101	-0.110	0.025	-0.226	5.10	177.55
		H	-0.193	0.126	-0.103	0.024	0.108	6.21	397.40
		N	-0.068	0.111	-0.109	0.020	0.096	6.13	377.31
LFC	922	A	0.064	0.113	-0.109	0.027	0.082	4.36	77.25
		H	-0.040	0.129	-0.105	0.021	0.350	7.09	712.36
		N	0.051	0.124	-0.074	0.019	0.756	8.08	1159.66
ACH	841	A	0.019	0.148	-0.108	0.034	0.118	4.17	49.58
		H	-0.177	0.194	-0.150	0.030	0.538	7.23	667.18
		N	-0.105	0.125	-0.138	0.027	0.056	6.08	332.28
PTR	726	A	-0.104	0.079	-0.100	0.020	0.032	5.45	181.35
		H	-0.076	0.105	-0.138	0.023	-0.235	7.68	669.81
		N	0.105	0.097	-0.100	0.020	0.128	6.97	477.92

表7-2显示，同一公司的 A 股日间收益率均值高于 N 股，H 股的日间收

益率均值为负，基本上为最小。而 N 股收益率的标准差最小，表明 N 股的波动性最小。偏度衡量的是收益率分布的非对称性，峰度是观测值分布曲线顶峰的尖平程度。从这两个指标看，10 家公司的三种股票的日间收益率偏度大多为右偏，展现了各个公司的收益率水平分布点。峰度值表明日间收益率呈现尖峰的分布形态，说明这些股票不是标准的正态分布。

从 JB 检验结果看，在 1% 的显著性水平下均拒绝了三类股票日间收益率数据的正态分布假设。

表 7 - 3 为隔夜收益率的统计性结果，结果显示：H 股收益率均值除 PTR 公司外均为正值，大多高于 N 股收益率，而同一公司的 A 股收益均值大多为负，为最小值。N 股的隔夜收益率标准差最大，A 股的标准差较小，表明 N 股的隔夜波动性较大，本书认为这可能是由于美国 N 股闭市的这段时间，A 股和 H 股的交易对 N 股隔夜收益率的影响。隔夜收益率的偏度、峰度以及 JB 统计量结果与日间收益率类似。

表 7 - 3　　　　10 家 A + H + N 股上市公司的隔夜收益率的描述性统计

公司简称	样本数	股票	均值（%）	最大值	最小值	标准差	偏度	峰度	Jarque - Bera
SHI	3091	A	0.025	1.273	-1.022	0.033	8.894	1017.0	13235.5
		H	0.048	0.499	-0.363	0.034	0.926	29.5	90722.7
		N	0.014	0.191	-0.134	0.017	1.477	26.7	68316.2
CEA	2863	A	0.300	0.590	-0.261	0.029	5.350	101.2	1160.0
		H	0.122	0.539	-0.672	0.036	0.197	79.7	7085.8
		N	-0.011	0.144	-0.488	0.017	-7.288	221.1	57235.0
YZC	2912	A	0.199	0.173	-0.203	0.023	-0.337	12.3	10509.9
		H	0.053	0.677	-0.467	0.035	1.639	71.0	5612.9
		N	-0.065	0.113	-0.236	0.013	-2.366	71.9	3917.8
SNP	1987	A	0.124	0.102	-0.139	0.020	-0.361	8.5	2541.6
		H	0.044	0.137	-0.183	0.025	-0.760	10.6	5000.1
		N	-0.079	0.096	-0.709	0.020	-23.45	831.1	56141.0
HNP	1971	A	0.126	0.729	-0.720	0.029	0.153	383.7	11877.0
		H	0.021	0.129	-0.144	0.021	-0.151	8.1	2121.4
		N	-0.181	0.262	-0.405	0.022	-1.849	108.7	7353.2

续表

公司简称	样本数	股票	均值（%）	最大值	最小值	标准差	偏度	峰度	Jarque－Bera
ZNH	1572	A	0.223	0.331	－0.378	0.027	0.638	56.2	1898.6
		H	0.086	0.333	－0.135	0.031	0.997	14.1	8259.7
		N	－0.102	0.095	－0.077	0.011	0.569	21.7	13439.5
GSH	921	A	0.122	0.136	－0.105	0.019	－0.066	10.3	2062.4
		H	－0.001	0.108	－0.096	0.022	－0.088	6.3	418.8
		N	－0.120	0.214	－0.112	0.018	1.588	31.7	34405.4
LFC	991	A	0.034	0.121	－0.181	0.023	－0.495	11.6	3097.2
		H	－0.047	0.121	－0.197	0.025	－0.557	9.7	1881.5
		N	－0.100	0.096	－0.156	0.018	0.473	16.5	6367.5
ACH	840	A	0.124	0.274	－0.151	0.035	0.630	10.5	2032.1
		H	0.059	0.236	－0.196	0.036	0.624	10.1	1836.9
		N	－0.098	0.090	－0.124	0.014	－0.658	24.0	13345.1
PTR	725	A	－0.033	0.109	－0.153	0.025	－0.590	8.0	808.0
		H	－0.198	0.103	－0.193	0.026	－1.281	13.8	3692.5
		N	0.025	1.273	－1.022	0.033	8.894	1017.0	13235.5

　　为了检验交叉上市公司在三个上市场间的交互性影响，需要对各公司的三类股票间的相关性进行分析，实证结果如表7-4。

表7-4　　10家A+H+N股上市公司A股、H股和N股收益率的相关性

公司简称		日间收益率				隔夜收益率		
		A	H	N		A	H	N
SHI	A	1	0.23	0.07	A	1	0.09	0.02
	H	0.23	1	0.22	H	0.09	1	0.44
	N		0.22	1	N	0.02	0.44	1
CEA	A	1	0.22	0.08	A	1	0.37	0.21
	H	0.22	1	0.33	H	0.37	1	0.46
	N	0.08	0.33	1	N	0.21	0.46	1

公司简称		日间收益率				隔夜收益率		
		A	H	N		A	H	N
YZC	A	1	0.16	0.07	A	1	0.24	0.08
	H	0.16	1	0.28	H	0.24	1	0.30
	N	0.07	0.28	1	N	0.08	0.30	1
SNP	A	1	0.32	0.05	A	1	0.34	0.11
	H	0.32	1	0.21	H	0.34	1	0.34
	N	0.05	0.21	1	N	0.11	0.34	1
HNP	A	1	0.17	0.06	A	1	0.07	0.00
	H	0.17	1	0.25	H	0.07	1	0.16
	N	0.06	0.25	1	N	0.00	0.16	1
ZNH	A	1	0.34	0.11	A	1	0.33	0.10
	H	0.34	1	0.33	H	0.33	1	0.34
	N	0.11	0.33	1	N	0.10	0.34	1
GSH	A	1	0.25	0.14	A	1	0.36	0.09
	H	0.25	1	0.27	H	0.36	1	0.22
	N	0.14	0.27	1	N	0.09	0.22	1
LFC	A	1	0.46	0.04	A	1	0.58	0.19
	H	0.46	1	0.15	H	0.58	1	0.32
	N	0.04	0.15	1	N	0.19	0.32	1
ACH	A	1	0.35	−0.02	A	1	0.52	−0.04
	H	0.35	1	−0.02	H	0.52	1.00	0.03
	N	−0.02	−0.02	1	N	−0.04	0.03	1
PTR	A	1	0.34	0.06	A	1	0.45	0.10
	H	0.34	1	0.23	H	0.45	1	0.36
	N	0.06	0.23	1	N	0.10	0.36	1

就日间收益率和隔夜收益率两个指标而言，三类股票的相关性除 ACH 外，都为正相关，表明各个公司的三类股票的收益率变动趋势相同。同时由表 7 - 4 还可看出，A 股和 H 股以及 H 股与 N 股的日间收益率之间有很强相关性，而 A 股和 N 股之间的相关性却很弱。各公司三类股票隔夜收益率的相关性结

果表明，A 股和 H 股，以及 H 股与 N 股之间仍然有很强相关性，除 CEA、SNP 和 LFC 三个公司外，A 股和 N 股相关性相关性较小。相关性的统计结果表明同一公司的 A 股和 N 股市场的关联性较小，而 A 股和 H 股，以及 H 股与 N 股市场之间有很强的相关性。

第三节　基于 AR 模型的收益溢出效应分析

为了检验我国交叉上市股票在中国内地、中国香港和美国纽约间的信息流动，本书首先分析各上市地间的收益溢出效应。根据第五章第三节的讨论，常用于捕捉一定时期内股票收益率之间溢出效应的模型是向量自回归模型，即利用相互联系的系统中的所有变量的滞后项来建立模型。

由于中国内地、中国香港和美国纽约的开盘/收盘时间有所不同，仅用滞后项不能完全检验到三个市场的股票间的信息流动，因此，本书采用辛格等（2009）提出的同日效应，即先开盘/收盘的市场可能对后开盘/收盘构成的影响，选用包含外生变量的 AR 模型，来分析我国交叉上市股票在三地间的收益溢出效应。

AR 模型是指滞后的因变量（内生变量）作为解释变量出现在方程的右端，即包含了内生变量滞后项的模型，它能检验来自被解释变量滞后项的影响。本书的被解释变量为各个公司分别在三地的收益率。在被解释变量所在的市场之前开盘/收盘的市场，它的同日收益率被作为解释变量加入 AR 模型；在被解释变量所在的市场之后开盘/收盘的市场，它的一阶滞后收益率作为解释变量加入 AR 模型。以日间收益率为例，根据 A 股、H 股和 N 股的开盘/收盘，具体模型如下：

$$R_{D,t}^{A} = \delta + \sum_{i=1}^{l} \alpha_i R_{D,t-i}^{A} + \beta R_{D,t-1}^{H} + \gamma R_{D,t-1}^{N} + \varepsilon_t \tag{7.5}$$

$$R_{D,t}^{H} = \delta + \sum_{i=1}^{k} \alpha_i R_{D,t-i}^{H} + \beta R_{D,t}^{A} + \gamma R_{D,t-1}^{N} + \varepsilon_t \tag{7.6}$$

$$R_{D,t}^{N} = \delta + \sum_{i=1}^{p} \alpha_i R_{D,t-i}^{N} + \beta R_{D,t}^{A} + \gamma R_{D,t}^{H} + \varepsilon_t \tag{7.7}$$

其中 l、k 以及 p 分别为 A 股、H 股和 N 股的日间收益率的滞后项。δ 为常数项，ε_t 为预测误差。

隔夜收益率的模型与日间收益率模型相同。在评估模型之前，先根据赤池信息准则（Akaike Information Criterion，AIC）和施瓦茨准则（Schwarz Criterion，SC）来确定 AR 模型的滞后长度。AIC 是在残差平方和的基础上进行的，主要是通过选择使 AIC 达到最小值的方法来选择最优滞后分布的长度，AIC 值越小越好。SC 准则的解释与 AIC 类似。

根据中国内地、中国香港和美国市场开盘/收盘时间的不同，在 AR 模型加入相应的外生变量，并利用 10 家上市公司的日间收益率和隔夜收益率数据，分别检验了 10 家公司在三地市场的收益率溢出效应，具体结果见表 7 - 5 ~ 表 7 - 10。表中的 AR(p)(p = 1，2，3）数字项为被解释变量的 p 阶滞后项，具体的 p 值是根据 AIC 和 SC 最小准则取得。

表 7 - 5　　　　　　　　　A 股日间收益率的 AR 模型估计结果

公司简称	AR1	AR2	AR3	$R_{D,t-1}^{H}$	$R_{D,t-1}^{N}$	常数项
SHI	- 0.002 *	- 0.043		0.013	- 0.012	0.000 **
CEA	- 0.017			- 0.003 *	- 0.025 **	0.000 **
YZC	- 0.089			0.006	- 0.013	0.001 *
SNP	- 0.090 *			0.042 *	0.030 **	0.001
HNP	- 0.059			0.056	0.010	0.000 **
ZNH	0.021	- 0.001	0.072	0.027	0.016	0.002
GSH	- 0.084	0.011 **	0.002	- 0.069 *	- 0.006 **	0.000
LFC	- 0.033			- 0.200	0.120 **	0.000 **
ACH	0.000 **			0.056	- 0.042	0.000 ***
PTR	- 0.061	- 0.012 *		- 0.037	0.040	- 0.001

表 7 - 6　　　　　　　　　A 股隔夜收益率的 AR 模型估计结果

公司简称	AR1	AR2	AR3	$R_{N,t-1}^{H}$	$R_{N,t-1}^{N}$	常数项
SHI	0.038 *			- 0.003 **	0.050	0.000 **
CEA	0.099	0.004 *	0.075	0.012	0.083 **	0.000
YZC	0.023	- 0.012 **		0.005	0.066	0.000 *
SNP	- 0.007 *			- 0.026 **	0.100	- 0.001
HNP	0.034			0.012	0.034 *	- 0.001 *
ZNH	0.060			- 0.033 **	0.099	- 0.002 **
GSH	- 0.059 *	- 0.036	0.112 *	- 0.025 *	0.098	- 0.001 *
LFC	- 0.121	- 0.081	0.059	0.025	0.182	- 0.001
ACH	- 0.044 **	- 0.088		0.048 **	- 0.006	- 0.001 **
PTR	0.139			- 0.058 ***	0.156	0.000 **

表 7-5 和表 7-6 分别是以 10 家公司的 A 股的日间收益率和隔夜收益率为被解释变量得出的估计值，除 A 股的 p 阶 AR 项外，还有 H 股和 N 股的一阶滞后收益率为外生变量加入模型。由表 7-5 看出，来自 A 股自身收益率的影响方面，大多公司都仅受到本身一阶滞后的影响，仅有 SHI 和 ZNH 还分别受到本身二阶和三阶滞后的影响；除 CEA 和 YZC 外，一阶滞后的 H 股日间收益率对 A 股有很强的影响；同样除 GSH 外，从一阶滞后的 N 股到 A 股也存在很强的信息传递。

表 7-6 中 A 股的隔夜收益溢出结果表明，除 SNP 外，A 股的隔夜收益率还受到自身的 p 阶滞后影响，其中 GSH 的三阶滞后影响其主要因素；除 SHI 和 YZC 外 A 股还受到一定程度的 H 股的影响。同时一阶滞后的 N 股除 ACH 外对 A 股的影响也很强烈。

表 7-7 　　　　　　　　　　H 股日间收益率的 AR 模型估计结果

公司简称	AR1	AR2	AR3	$R^A_{D,t}$	$R^N_{D,t-1}$	常数项
SHI	-0.020*	-0.013	-0.046	0.347	0.096	-0.001*
CEA	0.017	-0.052	-0.032**	0.201	0.049*	-0.001**
YZC	-0.003**	-0.070		0.290**	-0.028	-0.003
SNP	-0.027	-0.039*	-0.034	0.291	-0.059	-0.001***
HNP	0.009*	-0.076		0.148**	0.005	-0.001*
ZNH	-0.008**			0.353	-0.060	-0.003
GSH	0.027	0.046**	-0.072	0.240*	0.055*	-0.002**
LFC	-0.070	-0.063	-0.059	0.357	-0.100**	0.000
ACH	0.048			0.314**	-0.031	-0.002**
PTR	-0.039*	-0.063	-0.011	0.364	-0.034*	0.000

表 7-8 　　　　　　　　　　H 股隔夜收益率的 AR 模型估计结果

公司简称	AR1	AR2	AR3	$R^A_{N,t}$	$R^N_{N,t-1}$	常数项
SHI	0.049*	-0.029	-0.026	0.072	0.052	0.001
CEA	-0.027	0.008		0.299	0.056	0.002**
CEA	-0.027	0.008		0.299	0.056	0.002**
YZC	-0.047			0.621**	0.028	0.003
SNP	-0.090**			0.517	0.043*	0.002**

续表

公司简称	AR1	AR2	AR3	$R_{N,t}^{A}$	$R_{N,t-1}^{N}$	常数项
HNP	− 0.032			0.101 *	0.082	0.001 **
ZNH	− 0.007			0.400	0.053	0.003
GSH	0.010			0.601 *	0.046	0.002
LFC	− 0.079 **	0.070 **	− 0.018	0.735	− 0.023	0.001 **
ACH	− 0.043			0.992	− 0.006 **	0.002
PTR	− 0.095	0.062		0.856	0.014	0.000 ***

　　表 7 - 7 和表 7 - 8 分别是以 10 家公司的 H 股的日间收益率和隔夜收益率为被解释变量得出的估计值，除 H 股的 p 阶 AR 项外，还有 A 股的同日日间收益率和 N 股的一阶滞后收益率为外生变量加入模型。由表 7 - 7 看出，H 股日间收益率主要受日间先开盘 A 股的影响，最小影响系数也达到了 0.148，最高为 PTR 公司的 0.364。同时除 HNP 外，受到滞后一日的 N 股的收益率的影响也较强。H 股隔夜收益率的结果与日间收益率结果类似。

表 7 - 9　　　　　　　　　　N 股日间收益率的 AR 模型估计结果

公司简称	AR1	AR2	AR3	$R_{D,t}^{A}$	$R_{D,t}^{H}$	常数项
SHI	− 0.021 *	− 0.040		0.013	0.128	0.000
CEA	− 0.003			0.005 *	0.188	− 0.001
YZC	0.011	− 0.021	0.063	0.025 **	0.165	0.001 **
SNP	− 0.097			− 0.006 *	0.164	0.000
HNP	− 0.151	− 0.062		0.013	0.191	0.000
ZNH	− 0.097	0.036		0.004 *	0.212	0.000 **
GSH	− 0.189	− 0.105	− 0.066	0.044	0.221	− 0.001
LFC	− 0.090 *	− 0.066	− 0.038	− 0.012 **	0.138	0.001
ACH	− 0.097	− 0.107		− 0.017 *	− 0.013 **	− 0.001 **
PTR	− 0.123	− 0.043	− 0.081	− 0.016	0.196	0.001

公司简称	AR1	AR2	AR3	$R_{N,t}^A$	$R_{N,t}^H$	常数项
SHI	0.026			−0.022	0.560	0.000
CEA	0.007 *	0.012		0.092	0.559	0.000
YZC	0.058			−0.002 **	0.447	0.000 **
SNP	0.001			−0.020	0.428	0.000
HNP	0.032 *			−0.011 **	0.116	0.000 **
ZNH	0.010			−0.025	0.395	0.000
GSH	−0.040			0.040 *	0.258	0.000
LFC	−0.078	−0.023 *		0.042	0.339	0.000 *
ACH	0.008			−0.132	0.061	0.000
PTR	−0.006	−0.052		−0.155	0.418	−0.002

表7－10　　　　　　　　　　N 股隔夜收益率的 AR 模型估计结果

注：表7－5至表7－10中，＊、＊＊、＊＊＊分别表示在1%、5%、10%的置信水平上不显著。

　　表7－9和表7－10分别是以10家公司的 N 股的日间收益率和隔夜收益率为被解释变量得出的估计值，除 N 股的 p 阶 AR 项外，还有 A 股和 H 股的当日收益率为外生变量加入模型。由表7－9看出，除 ACH 外，N 股的日间收益率主要受同日 H 股的影响，影响系数最高达到了0.221，也受到来自自身 p 阶滞后的影响，特别是 GSH 的一阶滞后系数达到了−0.129。相比较而言，来自同日 A 股的影响较弱。表7－10中 N 股隔夜收益率的结果与日间收益率类似。

　　综上所述，关于我国交叉上市股票在中国内地、中国香港和美国三地的收益溢出效应，在日间收益率和隔夜收益率方面，中国内地与中国香港之间是互相影响的，滞后一天的 H 股对 A 股的影响较强，同样的同日 A 股也是 H 股收益率的一个主要影响因素。内地与美国之间是一个从美国到内地的单向的影响，滞后一日的 N 股对 A 股的影响较强，反之同日 A 股对 N 股的影响较弱。中国香港与美国之间是互相影响的，滞后一日的 N 股对 H 股有较强影响的同时，同日 H 股收益率对 N 股起着主导作用。

第四节　基于 AR－GARCH 模型的波动溢出效应分析

　　以往研究经验证明市场间的信息流动不仅能通过收益溢出效应来反映，也能通过股价收益率的波动来体现（赵留彦等，2003）。股价收益率的波动主要是因为新信息不断地传递到股票市场而引起股价的变化所产生的，同时，收益率的波动与市场获得信息的速度直接相关，相对于股价收益率本身而言，股价收益率的波动包含更多的信息流动（王群勇等，2005）。因此，本节考察重心集中到我国交叉上市股票在各上市市场间的波动溢出效应。

为了检验交叉上市股票间波动溢出效应，本书采用辛格等（2009）在评估 15 个不同股市间信息流动时加入了同日效应的 AR(1) – GARCH(1，1) 模型。其中，AR(1) 模型为一阶滞后的自回归模型（同上节）。GARCH 模型是由波勒斯勒夫 T. Bollerslev 于 1986 年提出，全称为广义自回归条件异方差模型（Generalized Auto Regressive Conditional Heteroskedasticity）。GARCH(1，1) 模型的基本思想是指在以前信息集下，某一时刻一个噪声的发生服从正态分布。该正态分布的均值为 0，方差是一个随时间变化的量（即条件异方差）。并且这个随时间变化的方差是滞后一项的噪声值平方以及一阶滞后的方差本身的线性组合。一般用于单个市场的 AR(1) – GARCH(1，1) 模型为：

$$AR(1): R_{jt} = \alpha + \phi_j R_{j,t-1} + \varepsilon_{jt} \tag{7.8}$$

其中，$\varepsilon_{jt}^2 \mid \zeta_{j,t-1} = N(0, \sigma_{j,t}^2)$。

$$GARCH(1，1): \sigma_{jt}^2 = \alpha_0 + \alpha_j \varepsilon_{j,t-1}^2 + \beta_j \sigma_{j,t-1}^2 \tag{7.9}$$

这里 R_{jt} 代表股票 j 的 t 期收益率，ε_t 为误差项，ξ_{t-1} 为 $t-1$ 期的信息集。α_j 代表 ARCH 效应，即波动的集群性特征。应用到股票市场，ARCH 效应指的就是如果前一阶段股票价格波动变大，那么在此刻市场价格波动也往往较大，反之亦然。β_j 代表 GARCH 效应，即波动的持续性。它指的是上期价格的波动在持续，对当期市场价格的波动也起到影响。保证条件方差非负和平稳的一个充分条件为 $\alpha_j > 0$ 和 $\beta_j > 0$，且 $\alpha_j + \beta_j < 1$。

根据中国内地、中国香港和美国三地市场的开盘/收盘时间不同，同考察收益率溢出效应一样，在模型（7.10）中加入了辛格等（2009）提出的同日效应。即在考察股票收益条件异方差时，若在被分析的市场之前开盘/收盘的市场，它的同日残差项的平方被作为解释变量加入 GARCH 模型；在被分析的市场之后开盘/收盘的市场，它的滞后一阶残差项的平方作为解释变量加入 GARCH 模型。本书用两步法来考察市场间的波动溢出效应，第一步是要评估各个交叉上市公司在各个市场上的 AR(1) 模型，并获得各收益率分布的残差项；第二步是将残差项按照同日效应加入到 GARCH 模型中。具体的 AR(1) – GARCH(1，1) 模型如下：

$$R_{jt} = \alpha + \phi_j R_{j,t-1} + \varepsilon_{jt} \tag{7.10}$$

其中，$\varepsilon_{jt}^2 \mid \zeta_{j,t-1} = N(0, \sigma_{j,t}^2)$。

$$\sigma_{j,t}^2 = \alpha_0 + \alpha_j \varepsilon_{j,t-1}^2 + \beta_j \sigma_{j,t-1}^2 + \sum_{i=1}^{l} \varphi_i \varepsilon_{it}^2 + \sum_{i=1}^{k} \varphi_i \varepsilon_{i,t-1}^2 \qquad (7.11)$$

其中，$\alpha_0 > 0$，α_i，$\beta_i \geqslant 0$，$\alpha_i + \beta_i \leqslant 1$，$l$ 为在股票 j 所在市场开盘/收盘前的市场的数目，k 为股票 j 所在市场开盘/收盘后的市场的数目。其中股票 j 在本书代表各交叉上市股票的 A 股、H 股或者 N 股，收益率也同时包括日间收益率和隔夜收益率。

根据上述 AR(1) – GARC(1, 1) 模型，基于各交叉上市股票在各个市场间的日间收益率和隔夜收益率数据，利用 Eviews 5.0 软件得到 10 家交叉上市股票 A 股、H 股以及 N 股的波动性溢出效应结果，见表 7 – 11 ~ 表 7 – 16。

表 7 – 11　　　A 股日间收益率的 AR(1) – GARCH(1, 1) 模型估计结果

公司简称	AR1	常数项	ARCH	GARCH	$\varepsilon_{H,t-1}^2$	$\varepsilon_{N,t-1}^2$
SHI	0.005 **	0.000	0.107	0.554	0.012	0.018 **
CEA	– 0.048	0.000 **	0.084	0.903	0.001	0.019
YZC	– 0.068	0.000	0.082	0.901	0.000	0.005 *
SNP	– 0.062 *	0.000	0.079	0.899	0.013	0.005 **
HNP	– 0.056	0.000	0.086	0.886	0.001	0.010
ZNH	0.013 **	0.000 *	0.055	0.923	0.004	0.034
GSH	– 0.075	0.000	0.011	0.982	0.003 **	0.009
LFC	– 0.096	0.000	0.037	0.937	0.005	0.035 *
ACH	0.014 *	0.000 ***	0.037	0.951	0.005 **	0.012
PTR	– 0.059 *	0.000	0.083	0.874	0.001	0.024

表 7 – 12　　　A 股隔夜收益率的 AR(1) – GARCH(1, 1) 模型估计结果

公司简称	AR1	常数项	ARCH	GARCH	$\varepsilon_{H,t-1}^2$	$\varepsilon_{N,t-1}^2$
SHI	0.024	0.001 **	0.143	0.598	0.005	0.008
CEA	0.013 **	0.000 **	0.146	0.571	0.001 *	0.001
YZC	0.003	0.000	0.001 **	0.466	0.005 **	0.152
SNP	– 0.001 **	0.000	0.141	0.575	0.011	0.006 **
HNP	0.063	0.000	0.002	0.027 **	0.000 ***	0.542
ZNH	0.250	0.000 **	0.827	0.087	0.006	0.271

续表

公司简称	AR1	常数项	ARCH	GARCH	$\varepsilon^2_{H,t-1}$	$\varepsilon^2_{N,t-1}$
GSH	0.015 **	0.000	0.121	0.657	0.026	0.008 **
LFC	−0.033	0.000 **	0.056	0.722	0.036	0.093
ACH	0.024 **	0.000 **	0.026	0.862	0.021	0.011
PTR	0.001	0.000	0.140	0.111	0.081 **	0.093

表 7 – 13　　H 股日间收益率的 AR(1) – GARCH(1，1) 模型估计结果

公司简称	AR1	常数项	ARCH	GARCH	$\varepsilon^2_{A,t}$	$\varepsilon^2_{N,t-1}$
SHI	0.034 *	0.000 **	0.095	0.867	0.035	0.053
CEA	−0.008	0.000	0.113	0.848	0.020 **	0.083
YZC	0.053 **	0.000	0.084	0.899	0.006 **	0.020
SNP	0.003	0.000	0.088	0.817	0.028	0.056
HNP	0.005 **	0.000 *	0.051 *	0.934	0.004 ***	0.013
ZNH	0.039	0.000	0.117	0.776	0.057 **	0.111
GSH	−0.036 *	0.000	0.132	0.710	0.064	0.127
LFC	−0.057	0.000 **	0.064	0.568	0.097	0.108
ACH	0.029 **	0.000	0.073	0.887	0.020 *	0.020 **
PTR	−0.035	0.000	0.063	0.882	0.020	0.045

表 7 – 14　　H 股隔夜收益率的 AR(1) – GARCH(1，1) 模型估计结果

公司简称	AR1	常数项	ARCH	GARCH	$\varepsilon^2_{A,t}$	$\varepsilon^2_{N,t-1}$
SHI	0.073	0.000	0.125	0.729	0.000 **	0.029
CEA	0.027	0.000 **	0.160 *	0.000	0.789	0.084
YZC	0.027 *	0.000	0.129	0.768	0.114	0.032 *
SNP	−0.034	0.000	0.043	0.828	0.097	0.032
HNP	0.002 **	0.001	0.003 ***	0.506	0.004 *	0.387
ZNH	0.046	0.000	0.047	0.309	0.537	0.031 **
GSH	0.044	0.000	0.057	0.817	0.264	0.045
LFC	−0.020	0.000 **	0.048 **	0.017	0.802 *	0.150
ACH	0.006 **	0.000	0.198	0.543	0.853	0.077 **
PTR	−0.034	0.000	0.058	0.820	0.122	0.052

表 7 − 15　　　　N 股日间收益率的 AR(1) − GARCH(1，1) 模型估计结果

公司简称	AR1	常数项	ARCH	GARCH	$\varepsilon_{A,t}^2$	$\varepsilon_{H,t}^2$
SHI	0.023*	0.000	0.119	0.813	0.002	0.018
CEA	− 0.006	0.000	0.131	0.696	0.009	0.044
YZC	0.027	0.000*	0.074**	0.906	0.001	0.006**
SNP	− 0.080	0.000**	0.095	0.864	0.002*	0.021
HNP	− 0.062	0.000	0.128	0.773	0.015	0.031
ZNH	− 0.023*	0.000**	0.086	0.873	0.002	0.007*
GSH	− 0.114	0.000	0.078	0.848	0.023**	0.023
LFC	− 0.046	0.000	0.104	0.866	0.003	0.021
ACH	− 0.068**	0.000	0.082**	0.858	0.000***	0.038
PTR	− 0.086*	0.000	0.087	0.813	0.023**	0.053

表 7 − 16　　　　N 股隔夜收益率的 AR(1) − GARCH(1，1) 模型估计结果

公司简称	AR1	常数项	ARCH	GARCH	$\varepsilon_{A,t}^2$	$\varepsilon_{H,t}^2$
SHI	0.058*	0.000	0.169	0.584	0.000**	0.301
CEA	0.153	0.000	0.213	0.615	0.008**	0.079
YZC	0.095	0.000	0.063	0.554	0.230	0.452*
SNP	0.026	0.000**	0.055	0.698	0.004**	0.291
HNP	0.057*	0.000	0.068*	0.923	0.001*	0.000**
ZNH	0.082	0.000	0.213	0.537	0.139	0.291
GSH	− 0.031**	0.000	0.092	0.595	0.031	0.359
LFC	− 0.022	0.000	0.084	0.627	0.007**	0.291
ACH	0.031*	0.000***	0.034	0.837	0.015	0.115
PTR	− 0.033	0.000	0.067	0.657	0.017	0.228

　　注：表 7 − 11 ~ 表 7 − 16 中，*、**、*** 分别表示在 1%、5%、10% 的置信水平上不显著。

　　由表得知，三种股票的日间收益率和隔夜收益率的波动主要来源都是 GARCH 效应，即波动具有持续性特征。滞后一日的 H 股波动性对 A 股的影响无论是从日间收益率波动性还是隔夜收益率层面都较小，表明从 H 股到 A 股波动溢出效应微弱。A 股波动性的同日效应在日间收益率波动性层面对 H 股

存在溢出效应，同时在隔夜收益率波动性方面，除 HNP 和 SHI 公司外，H 股的波动性主要受同日 A 股的波动性溢出影响，这表明 A 股到 H 股的存在波动溢出效应，特别体现在隔夜收益率方面。

A 股和 N 股相互之间的波动溢出效应都很小，仅有两家公司（如 ZNH 和 YZC）的隔夜收益率方面，滞后一日的 N 股波动性对 A 股的波动性影响较大，反过来同日的 A 股波动性对 N 股也有较强影响，表明 A 股和 N 股之间的波动溢出效应只发生在少量公司。

从 H 股和 N 股之间的波动溢出结果来看，由表得知，滞后一日 N 股波动性对 H 股波动性存在溢出效应，同日 H 股的波动性对 N 股也有一定的影响，特别是隔夜收益率层面，除 HNP 外，同日 H 股到 N 股的波动溢出效应非常强。

综合表 7 - 11 ~ 表 7 - 16 的结果，可以得出我国 A + H + N 交叉上市公司各类股票间的波动性溢出效应的结论：A 股和 H 股间主要是单向的从同日的 A 股市场流向 H 股市场；A 股和 N 股相互之间的波动溢出效应都不明显。H 股和 N 股市场间的波动溢出效应是相互影响的，即同日的 H 股对 N 股存在波动溢出效应，滞后一日的 N 股波动性同样对 H 股有一定的影响。

第五节　小　　结

本章从收益和波动溢出两个方面研究了同时在中国内地、中国香港和美国三地上市的中国交叉上市股票间的信息传递效应。通过选取已经在三地上市的 10 家交叉上市股票的日开盘价和日收盘价，将收益率分为日间收益率和隔夜收益率，截止日期为 2010 年 12 月 31 日。交叉上市股票的选择包含了两个与中国内地市场联系最紧密的中国香港和美国市场，同时本书根据这三地开盘/收盘时间的不同，采用辛格等（2009）给出的模型，在收益和波动的溢出效应模型中都加入了同日效应，得出的结论有：

（1）中国内地市场与中国香港市场在收益的溢出效应表明信息传递是互相反馈的，波动的溢出效应表明信息仅为同日的中国内地市场向中国香港市场的单向传递；

（2）中国内地市场与美国市场在收益的溢出效应表明信息传递是由美国到中国内地市场的单向信息传递，两地市场的波动溢出效应不明显；

（3）中国香港市场与美国市场在收益和波动两方面的信息都是相互影响

和反馈的，为双向传递。

　　关于中国香港市场和美国市场之间的双向传递信息流动，本书认为这是源于中国香港市场和美国市场之间自由的资本流动，这个结论也与之前学者对这两个市场的研究结果相似（Xu X E，Fung H G.，2002；Su Q，Chong T T L.，2007）。中国内地市场和中国香港市场之间收益层面的相互信息流动，表明两个市场之间的联动性在增强，这与现如今两地市场的不断开放的局面相符。波动性层面为单向的从中国内地市场流向中国香港市场，这个结论与杨毅（2009）得出的 A + H 股风险主要从 A 股传导到 H 股的结论类似。本书认为这主要是因为这些交叉上市公司的主营业务都在中国内地，造成波动的因素主要发生在内地，而且中国内地开盘时间早于中国香港半小时，对中国香港股市的信息效率有负面影响。中国内地市场和美国市场的信息流动仅出现在收益率层面，且是从美国市场流回中国内地市场，这与胡秋灵和刘伟（2009）得出的标准普尔指数日收益率前一期值对上证指数日收益率当期值有显著的影响结论类似，可能的原因是中国内地市场是一个新兴市场，其信息效率低于发达市场的美国市场。

　　中国内地市场与中国香港市场间的开盘/收盘时间虽然不同，但它们的交易时间有很长一段是重叠的，本书未来的研究方向是采用这些交叉上市股票的高频价格数据，以便能更好地研究在这两个市场间的信息流动。

第八章

基于交叉上市股票信息传递关系的
市场间信息效率比较研究

第一节 引 言

　　A＋H 交叉上市股票分别在 A 股市场和 H 股市场的股价之间的关系，历来吸引着为数众多的研究者。张涛（2008）利用协整检验模型和误差修正模型对内地 A 股市场和香港 H 股市场的市场指数和个股价格都进行了实证研究，发现汇率改革、QFII 制度的实施以及 QDII 制度的实施，对 A 股市场和 H 股市场之间的联动性都有显著的影响，得出的结论是随着内地证券市场的不断开放，两地证券市场之间的联动性在逐渐增强。石建勋（2011）通过协整检验、格兰杰因果关系检验和建立误差修正模型，以 2008 年开始的金融危机作为分水岭，实证研究了内地证券市场和香港证券市场在联动性和相互引导关系方面的变化情况。周林（2012）对股权分置改革后我国股票市场间的股价联动性情况进行了研究，并由此分析了我国股票市场全流通对两地股价联动性有何影响。股价的涨跌波动是由上市企业的经营业绩来决定的，这就意味着两个市场股价的长期走势是由同一种因素所决定的，从理论上阐述了两个证券市场上的股票价格应该存在着长期均衡关系。崔继刚（2012）利用协整检验、格兰杰因果检验，选择 A＋H 股中的银行股，对其联动性进行分析，结果现实同时开市以后，内地 A 股和香港 H 股的联动性得到了加强，而且还认为内地 A 股引导了香港 H 股的发展。这些研究均将 A＋H 股两地股价之间的格兰杰因果关系简单地看成是一种价格之间的引导关系。实际上，A＋H 股两地股价之间的格兰杰因果关系反映了有关市场效率的诸多问题，包括对股价信息吸收能力的强弱问题、对股价信息吸收的速度问题以及信息传递的方向等问题。而且，股价联动得以实现的基本前提是股价信息能在两个证券市场之间有效传递。因此，本章将从交叉上市股票信息传递关系的视角，考察相关市场的信息效率问题，对股价信息的捕获能力强的市场具有更高的信息效率。

第二节　方法模型

一般而言，研究两个变量之间相互影响关系的方法主要有长期均衡关系分析法和格兰杰因果关系分析法。长期均衡关系是指各分量之间存在长期的协同运动，变量在某一时刻偏离了均衡位置，这种偏离只是暂时的，长期的均衡机制会对这种暂时性的偏离做出迅速调整，使其回到原来的均衡点。格兰杰因果关系主要从各个变量是否受到另外一个变量的过去行为影响入手进行考虑，其中存在一个变量的过去行为在影响另一个变量的当前行为，或者是双方的过去行为在相互影响对方的当前行为。

一、协整关系检验

协整关系是指变量之间存在某种长期的均衡关系或者叫着稳定关系，这种长期均衡关系不会被系统所破坏，变量可能会在某个时期因为受到外部环境的干扰而离开了均衡位置，但是由于长期稳定关系的存在，会在以后各期回到其稳定状态所处的位置。

设变量 X 和变量 Y 的长期稳定关系为：

$$Y_t = \alpha_0 + \alpha_1 X_t + e_t \qquad (8.1)$$

式（8.1）的随机扰动项就是非均衡误差项（Disequilibrium Error），它是变量 X 和变量 Y 的一种简单线性组合：

$$e_t = Y_t - \alpha_0 - \alpha_1 X_t \qquad (8.2)$$

因此，如果式（8.1）表示的变量 X 和变量 Y 之间的长期稳定关系正确的话，式（8.2）所表示的非均衡误差项时间序列应该是平稳的时间序列，而且期望值为零，也就是说是具有零均值的 I（0）时间序列，意味着由非均衡误差项（8.2）表示的线性组合是 I（0）时间序列，变量 X 和变量 Y 之间就具有协整关系（Cointegrated）。

本书采用 Engle – Granger 检验法（简称"EG 检验"），按照以下三步来检验两变量协整关系：

第一步：用单位根方法求出两个变量的单整阶数，若两变量的单整阶数相同则进入下一步，若不同则不协整。

第二步：用最小二乘法（OLS）来估计方程（8.1），然后计算其非均衡误差项：

$$\hat{Y}_t = \hat{\alpha}_0 + \hat{\alpha}_1 X_t$$
$$\hat{e}_t = Y_t - \hat{Y}_t \tag{8.3}$$

第三步：用单位根检验来判断 $\hat{e}_t$ 的单整性，如果 $\hat{e}_t$ 是平稳的时间序列，则表明变量 Y_t 和变量 X_t 为（1，1）阶协整。在结果的判断中有两点比较重要：（1）由于残差 $\hat{e}_t$ 的均值为 0，所以在对其进行 ADF 检验时，应该选择没有截距项的模型进行检验；（2）对残差 $\hat{e}_t$ 平稳性检验的 ADF 临界值通常比正常的 ADF 检验的临界值要小，如表 8 - 1 所示：

表 8 - 1　　　　　　　　　　　两变量 EG 检验的临界值

样本数量	25	50	100	∞
0.01	- 4.37	- 4.12	- 4.01	- 3.90
0.05	- 3.59	- 3.46	- 3.39	- 3.33
0.10	- 3.22	- 3.13	- 3.09	- 3.05

二、格兰杰因果关系检验

格兰杰因果关系检验主要检验经济变量之间存在的单向或双向影响关系。即变量 X 是否为 Y 的格兰杰原因？一般做法是以当期的 Y 作为被解释变量，以若干滞后期的 Y 和 X 作为解释变量进行回归，并以变量 X 的各滞后项作为一个整体来考察是否有利于对回归结果的改善，如果回归结果得到了明显的改善，回归分析质量得到了显著提高，那么变量 X 就叫着变量 Y 的格兰杰原因。这种检验方法隐含的逻辑关系是：一个变量如果是另外一个变量的影响原因，那么该变量应该领先被影响变量几期发生。

通常，对于变量 X 和 Y 的格兰杰因果关系检验要求估计以下回归模型：

$$Y_t = \sum_{i=1}^{m} \alpha_i X_{t-i} + \sum_{i=1}^{m} \beta_i Y_{t-i} + \mu_{1t} \tag{8.4}$$

$$X_t = \sum_{i=1}^{m} \lambda_i Y_{t-i} + \sum_{i=1}^{m} \delta_i X_{t-i} + \mu_{2t} \tag{8.5}$$

从理论上讲，格兰杰因果关系检验存在着以下四种检验结果：

（1）从 X 到 Y 具有单向格兰杰因果关系，如果式（8.4）中 X 各滞后项前面的参数集统计上异于零，而式（8.5）中 Y 各滞后项前的参数集统计上为零。

（2）从 Y 到 X 具有单向格兰杰因果关系，如果式（8.4）中 Y 各滞后项前面的参数集统计上异于零，而式（8.5）中 X 各滞后项前的参数集统计上为零。

（3）X 和 Y 之间具有双向格兰杰因果关系，如果 X 和 Y 各滞后项前面的参数集在两个回归方程中都在统计上异于零。

（4）X 和 Y 之间不具有格兰杰因果关系，如果 X 和 Y 各滞后项前面的参数集在两个回归方程中都在统计上显著为零。

实际工作中，格兰杰因果关系检验是通过构造 F 统计量，利用 F 检验来完成的。即首先进行约束回归和无约束回归，然后用得到的两个残差平方和计算 F 检验量进行检验。例如，针对 X 是否是 Y 的格兰杰原因，按如下方式进行检验：

原假设 H_0：X 不是 Y 的格兰杰原因；

备择假设 H_1：X 是 Y 的格兰杰原因；

事实上，我们要检验的原假设等价于：

$$H_0: \alpha_1 = \alpha_2 = \cdots = \alpha_m = 0 \tag{8.6}$$

要检验原假设是否成立，就要分别做两个回归分析，即：包含、不包含 X 滞后项的回归（无约束回归与约束回归），一般记包含 X 滞后项的残差平方和为 RSS_U，不包含 X 滞后项的残差平方和为 RSS_R，然后再计算 F 统计量：

$$F = \frac{(RSS_R - RSS_U)/m}{RSS_U/(N-k)} \tag{8.7}$$

式中 m 为 X 的滞后项个数，N 为观测值个数，k 为无约束回归中待估计参数的个数。计算得到的 F 统计量值，如果大于给定显著性水平 α 下的 F 临界值 $F_\alpha(m, n-k)$，则应该拒绝原假设，认为 X 是 Y 的格兰杰原因。

第三节　实证分析

本节通过对公司个股股价的协整关系检验和格兰杰因果关系检验来研究 A + H 交叉上市公司在两个证券市场的股票价格时间序列是否具有长期均衡关系，以及股票价格信息的传递情况。

一、样本数据选择

本书对于时间窗口的划分和数据的选择做如下考虑，2012 年 3 月 5 日，香港联合证券交易所开始使用第二阶段新交易时间表，根据新的交易时间表，中国香港证券市场下午的交易时间安排有所调整，即从以前的一点半到四点交易，变更为：一点至四点交易，下午交易时间有所增加，上午的交易时间和以前一样。这样一来，在下午的交易中两地证券市场以后就是同步开市，这就意味着，对于两地证券市场上午下午两个交易时间段而言，从此以后完全同步开市，并且香港证券市场的交易时间包含了内地证券市场的交易时间，两地证券市场的互动相比以前增强了。

鉴于这个时间点具有一定的意义和研究价值，因此，在本书的实证研究中以此作为一个分界点，将其前后各一年的时间作为本章研究是时间范围。即 2011 年 3 月 5 日 ~ 2012 年 3 月 4 日作为本章研究的第一个时间窗口，2012 年 3 月 5 日 ~ 2013 年 3 月 4 日为第二个时间窗口。

将时间窗口内所有 A + H 股交叉上市公司都纳入到研究的范围内，但是不包括在这个时间区间新上市的 A + H 股公司。所以在第一个时间段内有 66 家公司符合要求，在第二个时间段内有 72 家公司符合要求。收集 A + H 股交叉上市公司在两个证券市场每个交易日的收盘价，作为研究的原始数据。同时还收集港交所发布的恒生 A + H 股 A 股指数（HSAHA）、恒生 A + H 股 H 股指数（HSAHH）。

二、数据预处理

由于两个证券交易所的交易日期有时不一致（如两地节假日不同），需要对收集到的数据进行预处理，按每个交易日逐一匹配，删除交易日期不一致的数据，以使得交易日期完全整齐。

三、检验过程

由于协整检验要求所使用的数据必须是同阶单整的，所以需要对每只股票的价格时间序列的平稳性做单位根检验，本书采用 ADF 检验来分别对各股价时间序列的平稳性进行单位根检验。考虑到股价取对数后的一阶差分代表股票的收益率，所以首先对所有股价时间序列进行对数转换。ADF 检验的结果是无论第一个时间窗口还是第二个时间窗口，其股价的对数序列都通过了 ADF 检验，不能拒绝原假设，即含有一个单位根，而一阶差分后的时间序列都在 1% 的显著性水平下拒绝了原假设，即序列是平稳的（其实股价收益率基本都是平稳的）。所以股价的对数时间序列都是一阶单整序列。

　　因此，本书使用股价取对数后的时间序列进行协整检验。而格兰杰因果关系检验的前提条件是序列必须是平稳的，因此，本书使用股价取对数后一阶差分的序列进行格兰杰因果关系检验。对第一阶段的 66 家和第二阶段的 72 家 A + H 股公司进行协整检验的结果如表 8 - 2 所示。而格兰杰因果关系检验的检验结果如表 8 - 3 所示。

表 8 - 2　　　　　　　　协整检验结果 T 值（时段 1、时段 2）

A 股代码	H 股代码	1（A - H）	1（H - A）	2（A - H）	2（H - A）
000063	00763	- 1.8204	- 2.3872	- 0.9439	- 1.6906
000157	01157	- 2.9830	- 3.0630	- 1.8517	- 2.1669
000338	02338	- 1.7358	- 2.3145	- 1.6614	- 1.8178
000488	01812	- 0.9367	- 1.2209	- 2.4286	- 2.5580
000585	00042	- 1.9495	- 2.0828	- 2.2320	- 1.1050
000666	00350	- 2.0682	- 2.0622	- 1.7075	1.2015
000756	00719	- 1.1295	- 1.4798	- 2.7532	- 2.2463
000898	00347	- 1.7603	- 1.9870	- 1.9240	- 1.6123
000921	00921	- 1.4429	- 1.5850	- 3.4886	- 3.4304
002202	02208	- 0.9755	- 1.1549	- 0.9061	- 0.0214
002490	00568	- 1.0427	- 1.0281	- 2.5671	- 1.9344
002594	01211	—	—	- 1.2400	- 0.2311
600011	00902	- 2.2735	- 1.8766	- 2.4607	- 1.2329
600012	00995	- 2.9330	- 2.8727	- 1.4193	- 1.2566
600016	01988	- 1.8259	- 1.8725	- 3.1624	- 3.2859
600026	01138	- 2.7184	- 2.8320	- 1.2771	- 1.6883
600027	01071	- 1.4896	- 0.8206	- 2.1759	- 1.4121
600028	00386	- 1.7600	- 1.2594	- 1.5258	- 1.0794
600029	01055	- 1.0534	- 2.3637	- 1.6438	- 1.3970

A 股代码	H 股代码	1 (A - H)	1 (H - A)	2 (A - H)	2 (H - A)
600030	06030	—	—	- 1. 9242	- 1. 7627
600036	03968	- 3. 6688	- 3. 7899	- 2. 6583	- 2. 7549
600115	00670	- 1. 8263	- 2. 3893	- 1. 6837	- 1. 4976
600188	01171	- 3. 3676	- 3. 2492	- 1. 7953	- 2. 1647
600332	00874	- 3. 7308	- 3. 6064	- 2. 1589	- 2. 1414
600362	00358	- 2. 0839	- 1. 9579	- 2. 2240	- 2. 1203
600377	00177	- 2. 5682	- 2. 6591	- 1. 3762	- 1. 7417
600548	00548	- 4. 0454	- 3. 9836	- 0. 7604	- 1. 3064
600585	00914	- 2. 5078	- 2. 7668	- 2. 5570	- 2. 2719
600600	00168	- 2. 7556	- 2. 9522	- 2. 3954	- 3. 2129
600685	00317	- 3. 2238	- 3. 1245	- 1. 4692	- 1. 5399
600688	00338	- 2. 3220	- 3. 1287	- 2. 0116	0. 0044
600775	00553	- 2. 4617	- 2. 1634	- 1. 9972	- 0. 3062
600806	00300	- 1. 3564	- 1. 6509	- 1. 5598	- 1. 4931
600808	00323	- 1. 4316	- 1. 5789	- 1. 7809	- 1. 4890
600860	00187	- 1. 5084	- 1. 5579	- 3. 2320	- 3. 0000
600871	01033	- 1. 7516	- 1. 5765	- 2. 0299	- 1. 5936
600874	01065	- 4. 8852	- 4. 2979	- 0. 5441	- 0. 7872
600875	01072	- 3. 7130	- 2. 7389	- 1. 3364	- 1. 7523
600876	01108	- 2. 1082	- 1. 9737	- 1. 5112	- 1. 2558
601005	01053	- 2. 4154	- 2. 6658	- 2. 8717	- 2. 6317
601088	01088	- 3. 6664	- 4. 5726	- 1. 6049	- 1. 8669
601107	00107	- 1. 8404	- 2. 2577	- 2. 0946	- 2. 3495
601111	00753	- 2. 9078	- 2. 9249	- 1. 7159	- 1. 0097
601186	01186	- 0. 6194	- 1. 1589	- 3. 0125	- 3. 1266
601288	01288	- 3. 0121	- 2. 9239	- 2. 8095	- 2. 7327
601318	02318	- 3. 6825	- 3. 6747	- 2. 1471	- 2. 4682
601328	03328	- 3. 4310	- 3. 3978	- 1. 6412	- 1. 6307
601333	00525	- 3. 0852	- 3. 0294	- 1. 2247	0. 5005
601336	01336	—	—	- 1. 4564	- 1. 5839

续表

A 股代码	H 股代码	1（A－H）	1（H－A）	2（A－H）	2（H－A）
601390	00390	－ 0.7996	－ 1.4463	－ 2.0371	－ 1.8655
601398	01398	－ 3.3377	－ 3.0231	－ 1.5439	－ 1.0636
601588	00588	－ 1.9634	－ 2.0303	－ 2.7787	－ 1.4767
601600	02600	－ 2.1678	－ 2.2518	－ 0.9217	－ 2.0987
601601	02601	－ 3.5633	－ 2.9388	－ 1.6879	－ 1.1825
601607	02607	—	—	－ 2.0705	－ 1.1491
601618	01618	－ 1.2477	－ 1.3831	－ 2.0592	－ 3.1149
601628	02628	－ 2.4281	－ 2.2375	－ 2.9396	－ 2.1637
601633	02333	—		－ 1.5003	－ 1.8170
601727	02727	－ 1.4135	－ 2.2391	－ 1.5286	－ 2.5490
601766	01766	－ 1.5391	－ 1.6571	－ 2.4590	－ 2.5751
601808	02883	－ 3.8165	－ 3.4725	－ 3.6143	－ 2.1477
601857	00857	－ 2.3981	－ 2.3369	－ 2.0986	－ 2.0300
601866	02866	－ 1.3297	－ 0.7620	－ 1.2675	－ 1.7001
601880	02880	－ 1.7380	－ 2.0324	－ 3.7539	－ 3.1293
601898	01898	－ 3.8102	－ 3.9106	－ 1.2071	－ 1.8657
601899	02899	－ 2.7097	－ 2.9595	－ 2.1267	－ 1.7997
601919	01919	－ 0.6997	－ 1.0179	－ 1.2213	－ 1.4063
601939	00939	－ 3.3557	－ 3.1889	－ 1.7429	－ 1.5497
601988	03988	－ 3.2508	－ 3.0486	－ 1.6573	－ 0.7939
601991	00991	－ 2.5646	－ 2.4995	－ 1.3642	－ 0.7725
601992	02009	—	—	－ 2.0887	－ 1.7364
601998	00998	－ 1.7451	－ 1.3517	－ 2.2327	－ 2.2757

注：栏目1（A－H）表示时段1，A股为被解释变量，H股为解释变量而进行的协整检验。

表 8 － 3　　　　　格兰杰因果关系检验（时段1、时段2）

A 股代码	H 股代码	1（A－H）	1（H－A）	2（A－H）	2（H－A）
000063	00763	0	0	1	0
000157	01157	0	0	0	0

续表

A 股代码	H 股代码	1（A－H）	1（H－A）	2（A－H）	2（H－A）
000338	02338	0	0	0	1
000488	01812	0	0	1	0
000585	00042	0	0	1	0
000666	00350	0	0	0	1
000756	00719	0	0	1	1
000898	00347	0	0	1	0
000921	00921	0	0	0	0
002202	02208	1	0	1	0
002490	00568	0	0	0	0
002594	01211	—	—	0	1
600011	00902	0	0	0	0
600012	00995	0	0	1	0
600016	01988	1	0	1	0
600026	01138	0	0	0	0
600027	01071	0	0	0	1
600028	00386	0	0	0	1
600029	01055	0	0	0	0
600030	06030	—	—	0	1
600036	03968	1	1	1	0
600115	00670	0	0	0	0
600188	01171	0	0	0	0
600332	00874	1	0	0	0
600362	00358	0	0	0	0
600377	00177	0	0	0	1
600548	00548	0	0	0	0
600585	00914	0	0	1	0
600600	00168	0	0	1	0
600685	00317	0	1	0	1
600688	00338	0	0	0	0
600775	00553	1	0	1	0

续表

A 股代码	H 股代码	1（A－H）	1（H－A）	2（A－H）	2（H－A）
600806	00300	0	0	1	0
600808	00323	0	0	0	0
600860	00187	0	0	0	1
600871	01033	0	0	0	0
600874	01065	1	1	1	1
600875	01072	0	0	0	0
600876	01108	0	1	0	0
601005	01053	0	0	0	1
601088	01088	0	0	0	0
601107	00107	0	0	0	0
601111	00753	0	0	0	0
601186	01186	0	0	1	0
601288	01288	0	0	0	0
601318	02318	0	0	0	0
601328	03328	0	0	1	0
601333	00525	1	0	0	0
601336	01336	—	—	0	0
601390	00390	1	0	1	0
601398	01398	0	0	0	1
601588	00588	0	0	1	0
601600	02600	0	0	0	1
601601	02601	1	0	1	0
601607	02607	—	—	0	0
601618	01618	0	0	1	0
601628	02628	0	1	0	0
601633	02333	—	—	0	1
601727	02727	0	0	0	0
601766	01766	1	0	1	0
601808	02883	0	0	1	0
601857	00857	1	0	0	0

续表

A 股代码	H 股代码	1（A－H）	1（H－A）	2（A－H）	2（H－A）
601866	02866	0	0	0	0
601880	02880	0	0	1	1
601898	01898	0	0	0	0
601899	02899	0	1	0	0
601919	01919	0	0	1	0
601939	00939	0	0	1	0
601988	03988	0	0	0	0
601991	00991	0	0	1	0
601992	02009	—	—	1	0
601998	00998	0	0	0	0

注：栏目1（A－H）表示时段1，A是H的格兰杰原因，0：没通过检验，1：通过。

需要指出的是，在进行协整检验的时候，由于协整向量不是唯一的，所以本书在实际进行协整检验的过程中，分别将 A 股股价和 H 股股价作为解释变量和被解释变量来进行协整检验，目的是为了将协整向量找全。

四、实证检验结果分析

本书同时也利用了恒生 A＋H 股 A 股指数（HSAHA）、恒生 A＋H 股 H 股指数（HSAHH）做了完全相同的检验。每只股票的检验结果因数量太多，文中无法呈现。协整检验结果如果选择 0.05 的置信水平的话，需要和 －3.33 这个临界值做比较，而不是和 ADF 检验结果中的临界值比较。如果小于 －3.33 这个值则说明通过了协整检验，A 股和 H 股股价具有长期的均衡关系。

第一阶段协整检验结果：

Value of test-statistic is：－2.8659（A～H）、－2.7979（H～A）

第二阶段协整检验结果：

Value of test-statistic is：－1.4312（A～H）、－0.9534（H～A）

（A～H）表示以 A 股指数为被解释变量、H 股指数为解释变量来进行协整检验所得到的结果。从协整检验的结果可以看出，两个时间段内都没有通过协整检验，而且检验出的 T 统计量值也在下降。而个股股价的检验结果是，第一阶段有 14 只股票通过了协整检验，而第二阶段只有仅仅 3 只股票通过了协整检验。

而对于格兰杰因果关系检验，我们给出滞后 1 到 6 阶的检验结果。

第一阶段格兰杰因果关系检验结果如表 8 - 4 所示。

表 8 - 4　　　　格兰杰因果关系检验结果（2011 ~ 2012 年）

p-value	1	2	3	4	5	6
H - > A	0.3983	0.7015	0.7965	0.9022	0.9097	0.9801
A - > H	0.3245	0.5363	0.6841	0.5570	0.6719	0.7012

第二阶段格兰杰因果关系检验结果如表 8 - 5 所示。

表 8 - 5　　　　格兰杰因果关系检验结果（2012 ~ 2013）

p-value	1	2	3	4	5	6
H - > A	0.0620	0.0198	0.0204	0.0574	0.0367	0.0667
A - > H	0.0146	0.0260	0.0637	0.1704	0.2151	0.3024

从表 8 - 4 和表 8 - 5 的检验结果可以看出，在第一阶段时间内，恒生 A + H 股 A 股指数（HSAHA）和恒生 A + H 股 H 股指数没有通过格兰杰因果关系检验，其实在实际计算中滞后阶数一直增加到了 14 阶，也没有通过 0.05 显著性水平下的检验。而在第二阶段时间内，在滞后 2 阶的情况下，A + H 股 A 股指数和 H 股指数相互都通过了格兰杰因果关系检验。

而个股股价的格兰杰因果关系检验结果如表 8 - 6，括号内的数字是平均滞后阶数。其中第一阶段时间内，互为格兰杰因果关系的有 2 只股票，分别是：招商银行（600036、HK03968）、创业环保（600874、HK01065），则具有格兰杰因果关系的股票为 15 只（11 + 6 - 2），占全部股票数量的比例为 22.7%（总数为 66 只）。第二阶段时间内互为因果关系的有 3 只股票，分别是：大连港（601880、HK02880）、新华制药（000756、HK00719）、创业环保（600874、HK01065），则具有格兰杰因果关系的股票为 40 只（27 + 16 - 3），占全部股票数量的比例为 55.6%（总数为 72 只）。详细情况见表 8 - 3。

表 8 - 6　　　　　　　　　个股格兰杰因果关系检验结果

格兰杰原因方向	第一时间段	第二时间段
H 股股价是 A 股股价的格兰杰原因	6 只 (7.7)	16 只 (5.2)
A 股股价是 H 股股价的格兰杰原因	11 只 (6.1)	27 只 (4.0)

从上述检验结果中，可以得出如下结论：

（1）从协整检验的结果来看，A + H 交叉上市公司在两个证券市场的股价并不具有长期的协整关系，而且通过协整检验的股票数量也非常少，而且数量还在降低，这充分说明了这两年 A + H 股的股价联动性比较差。并非是随着两地证券市场交易时间的同步，而 A + H 股的股价联动性就有所增加，A + H 股的股价联动性并不是依靠外部的市场环境。

（2）恒生 A + H 股 A 股指数（HSAHA）和恒生 A + H 股 H 股指数（HSAHH）在第一阶段时间内没有通过格兰杰因果关系检验，但是在第二阶段时间内通过了相互的格兰杰因果关系检验，这说明随着港交所和内地股市同步性的提高，A 股指数和 H 股指数的相互影响程度在增加。

（3）从个股层面来讲，第二阶段时间内通过格兰杰因果关系的股票远远大于第一阶段，说明 A + H 股在两个证券市场的股价信息传递更加频繁，信息传递效率有所增加。

（4）无论两个阶段中的哪个阶段，A 股是 H 股格兰杰原因的股票数量，都大于 H 股是 A 股格兰杰原因的数量。这里的格兰杰原因并不是真正意义上的因果关系。意思是说 A 股前几个交易日的股价信息影响了 H 股现在的股价，H 股股价中吸收并包含了一部分 A 股的信息，按照前面叙述的有关有效市场的理论，由于 H 股市场对股价信息的吸收能力要强一些，这时 H 股的效率是高于 A 股的效率。而 A 股吸收 H 股的信息较少一些，吸收能力相对若一些。所以其效率相对而言低一些。

（5）从通过格兰杰因果关系检验的滞后阶数来看，第二阶段时间内的滞后阶数要小于第一阶段时间内的滞后阶数，说明在第二阶段中股价信息在两个证券市场中传递的速度更快、效率更高了。

（6）在两个阶段中 H 股影响 A 股的滞后阶数都要大于 A 股影响 H 股的滞后阶数，这说明 A 股吸收 H 股股价信息的速度小于 H 股吸收、捕获 A 股股价信息的速度。所以说股价信息从 A 股传递到 H 股的效率要高于股价信息从 H 股传递到 A 股。

（7）从两个证券市场对股价信息的吸收、捕获能力和速度看，H 股市场

的表现要强于 A 股市场的表现，即 H 股市场相对于 A 股市场而言市场效率
更高。

五、小结

本书利用协整检验、格兰杰因果关系检验来研究了交叉上市公司在两个证
券市场的股票价格之间的关系。考察了其股价信息的传递方向和传递速度。并
且以一个特殊的日期为分界点，考察了前后各一年时间的信息传递关系，研究
结果表明：随着香港证券市场和内地证券市场同步度的提高，A + H 股公司的
A 股价格和 H 股价格之间的协整关系并不明显，股价之间不存在着长期的均
衡关系。不过两个股市之间的信息交流正逐渐加强。从两个证券市场对股价信
息的吸收、捕获能力和速度看，H 股市场的表现要强于 A 股市场的表现，即 H
股市场相对于 A 股市场信息效率更高，这一结果印证了信息效率高的证券市
场对股价信息的捕获能力更强这样一个事实。

第九章

基于时变 AR 模型的市场
无效性比较研究

第一节　引　　言

前文分析中可知完全有效的市场只能是一种理想中的状态，证券市场的有效性是相对的，在实际的证券市场中总是存在无效的，这也是为什么总会有交易者拥有源源不断的交易愿望和动机。所以用绝对检验的方法评价证券市场是否有效有失偏颇，相反，对证券市场效率的考量应该注重衡量一个市场偏离其理想有效市场的程度，所以市场相对效率才是真正重要的。坎贝尔等（1997）认为完美的绝对效率是一个不切实际的理念，试图通过经典假设检验的方法来证明有效市场假说的任何努力都是徒劳的，而基于相对效率思想构建市场无效性测度框架是完全可行的。

林等（2006）提出了另一种利用非线性相关评估股票市场相对效率的统计工具，即利用一个双相关检验统计量（H 统计量）测试非零双相关的存在，这实际上是一个本期收益率与前期收益率之间的自相关系数。埃文斯（2006）提出用方差比的绝对偏差值作为评估三个英国期货市场在交易自动化前后相对信息效率的测度。林等（2007）采用固定长度的样本期间在滚动样本框架内计算 H 统计量，每次观测移动一次，每个阶段计算的 H 统计量反映了由于新信息或其他相关因素的变化对过程行为的影响。因此，H 统计量不仅能捕捉到市场效率随时间变化的特征，而且还提供了股票市场效率排序的指标。伊藤等（2009）在罗（2004）的基础上提出采用时变 AR 模型中的时变 AR 系数代表随时间变化的股票收益自相关数，并将其作为市场无效程度的测度。在这些关于市场相对效率测度的文献中，所提出的方法各有利弊，相对而言，伊藤等

（2009）提出的方法可以利用时间序列数据完成市场无效时变结构的测度，其理论基础更为扎实。因此，本书尝试采用该方法，从整个证券市场的宏观角度，对中国 A 股市场和 H 股市场的无效性进行研究，以便评价两个证券市场的相对效率及其时变特质，并且分析各个证券市场之间的相互关系。

第二节　方法与模型

本书的研究集中于股票价格中是否存在可被利用的价值信息和预测信息，即通过分析过去的数据能否预测资产的回报。在不考虑交易成本的情况下，投资收益时间序列的关联度暗示着存在收益的可预测性，即给技术分析提供了一种可能。而这种套利机会的存在则说明市场无效。因此，在这种理论的指导下，我们可以把股票收益的自相关视为的市场无效的代表指标。

假设市场无效是时变的，那么，我们的任务是测量每个时期股票收益的自相关系数，并以此为市场无效程度的测度。为此，我们首先运用平移窗口法来检验股票收益数据自相关系数的时变结构，然后运用状态空间模型来估计时变 AR 系数，进一步地，通过时变 AR（1）系数序列来构造股票市场的无效性测度，以此来比较市场之间无效性的相对强弱程度。

具体方法模型和计算过程详见第五章第二节的公式（5.2）~（5.8）。

第三节　实　证　分　析

本章主要是研究上证 A 股市场和港股市场之间的效率关系，但是为了便于实际的对比分析，本书还选择了美国证券市场的标准普尔 500 指数，以此来作为一个参照系，因为一般认为美国证券市场是有效市场。同时考虑到我国 A 股市场和 B 股市场的特殊关系，以及 B 股市场和国外投资者之间的联系，所以本书也将 B 股市场纳入到了分析范围之内，以便使本书的对比分析更加丰富。样本数据来源于 wind 数据库。

一、样本选择

采用 1992 年 1 月 ~ 2012 年 12 月的上证 A 股指数、上证 B 股指数、香港恒生综合指数、标准普尔500指数的月末收盘价，用该序列取自然对数后的一阶差分来表示月收益率。

二、基于平移窗口法的股票收益自相关时变结构

1992年1月～2012年12月，上证A股、上证B股、恒生综合以及SP500指数月收益率的各有252个数据点，取窗口宽度为36进行计算，由此可以得到其时变一阶自相关系数序列，如图9-1～图9-4所示：

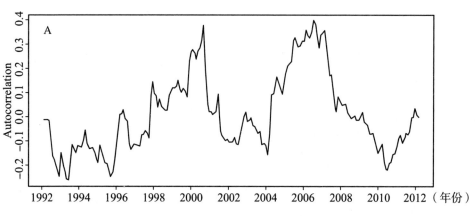

图9-1　上证A股指数的月收益率时变自相关系数

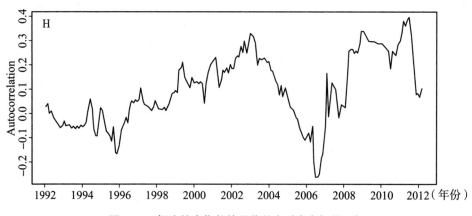

图9-2　恒生综合指数的月收益率时变自相关系数

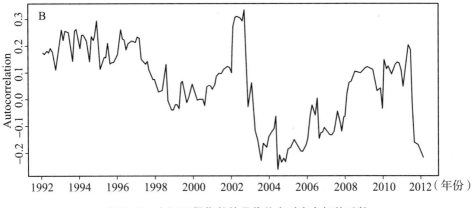

图 9 - 3　上证 B 股指数的月收益率时变自相关系数

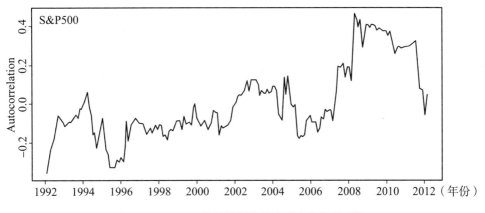

图 9 - 4　SP500 指数的月收益率时变自相关系数

　　以上上证 A 股、上证 B 股、港股以及 SP500 指数月收益率的一阶自相关系数时变结构图在一定程度上反映了市场无效性随时间而变动的情况。

　　从图中可见，上证 A 股指数的月收益率自相关系数的波动幅度和波动频率最大；港股指数的月收益率自相关系数也具有一定的波动性；上证 B 股指数的月收益率自相关系数的波动幅度和波动频率明显小于上证 A 股，但在 2002 年前后发生了突变，这可能与 B 股向境内投资者开放等大事件有关。在 2008 经济危机之前，SP500 指数的月收益率时变自相关系数的波动幅度和波动频率均比较小，都是在零值附近小幅度波动，注意零值是市场有效的理想状态。可见，A 股市场的无效性最大，美国市场的无效性最小，但此轮经济危机明显增大了美国市场的无效性，值得注意的是，中国市场的有效性反而得到了提升。

　　从图中还可以看出，该一阶自相关系数序列的波动是有界的，可能包含一个单位根。我们可以使用 ADF 检验来验证其是否存在一个单位根。

假设一个具有时间趋势和常数项的模型，运用施瓦茨贝叶斯信息准则（SBIC）作为选择标准自动选择滞后阶数为 0 阶，计算出的统计量值分别为 -2.41、-2.79、-2.82、-2.65，而 5% 显著性水平下的各自临界值皆为 -3.43，因此，我们无法拒绝上证 A 股、上证 B 股、港股以及 SP500 指数四个序列均包含一个单位根的假设。这一事实支持我们关于其时变 AR 模型的 AR 系数遵循随机游走过程的假设。

三、基于状态空间模型的时变 AR（1）系数分析

为了更好地解读我国证券市场无效性的时变结构，本书将同一时期上证 A 股、上证 B 股、港股和 SP500 指数的 AR（1）系数分别组合绘制在同一张图内，以便进行对比分析，更好地呈现出其时变结构，以及它们之间的相关关系。

以图 9-1 和图 9-5 为例可以看出，上证 A 股指数基于状态空间模型的 AR（1）系数的时变结构与基于平移窗口方法的股票收益自相关时变结构基本相似，也反映出市场无效性确实是随时间变化的，其变化趋势可能与市场环境的变化有关。

通过对比可以发现，基于状态空间模型的时变 AR（1）系数对市场无效性的刻画更加清晰和精准，而基于平移窗口法的一阶自相关系数比较粗糙，而且存在着时间的偏移。这主要是因为基于平移窗口法的一阶自相关系数是一种粗略的经验估计，而且其平移窗口 w 使得在分析中损失掉 $w-1$ 个数据信息，而且平移使得时间点不再精确，不便于对比分析。

从图 9-5 可以得出以下结论：

（1）上证 A 股的 AR（1）系数波动幅度大于港股指数的 AR（1）系数；

（2）上证 A 股的 AR（1）系数在绝大多数时间内远离零值，无效性明显；而港股指数的 AR（1）系数波动幅度不是很大，离 0 值的理想状态比较接近；

（3）上证 A 股与港股指数的 AR（1）系数波动方向相反；

（4）2008 年以来，上证 A 股与港股市场的无效性均趋于减小，最近一两年来还有同步的趋势。

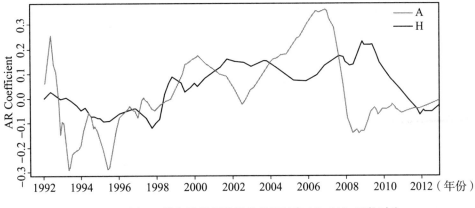

图 9 - 5　上证 A 股与港股指数月收益率时变 AR（1）系数对比

从图 9 - 6 可以得出以下结论：

（1）上证 A 股的 AR（1）系数波动幅度大于上证 B 股；

（2）上证 A 股和上证 B 股的 AR（1）系数在绝大多数时间内远离零值，无效性都很明显；

（3）上证 A 股与上证 B 股的 AR（1）系数波动方向明显相反；

（4）2008 年以来，上证 A 股与上证 B 股市场的无效性均趋于减小。

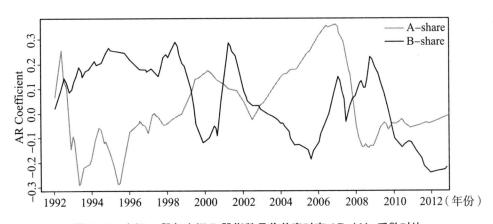

图 9 - 6　上证 A 股与上证 B 股指数月收益率时变 AR（1）系数对比

从图 9 - 7 可以得出以下结论：

（1）上证 B 股的时变 AR（1）系数波动幅度和波动频率显著大于 SP500；

（2）上证 B 股的时变 AR（1）系数在绝大多数时间内远离零值，无效性明显，而 SP500 在 2008 年经济危机以前基本围绕零值轴波动，离市场有效状态非常接近，无效性不明显，市场有效程度非常高；

（3）上证 B 股与 SP500 的 AR（1）系数波动方向基本一致，2008 末 SP500 达到了其无效性的最高点，而上证 B 股也达到了其无效性近 10 年左右的最高点；

（4）2008 年前后出现的经济危机对美国市场和上证 B 股市场的有效性产生了显著的不利影响，其无效性显著增大，并且同时达到了一个历史的高点，但近期已经趋于减小。

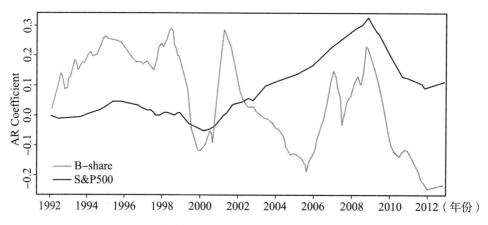

图 9 – 7　SP500 与上证 B 股指数月收益率时变 AR（1）系数对比

从图 9 – 8 可以得出以下结论：

（1）SP500 和港股的波动性都不是特别的明显，港股的波动性稍微大于 SP500，其稳定性稍差；

（2）2008 年经济危机以前港股和 SP500 的 AR（1）系数基本围绕零值轴波动，港股无效性稍高于 SP500；

（3）港股与 SP500 的 AR（1）系数波动方向基本一致；

（4）2008 年前后出现的经济危机对美国市场和港股市场的有效性产生了显著的不利影响，其无效性显著增大，并且同时达到了历史最高点，港股受到的冲击较小，但近期都已经趋于减小。

进一步地，再从数值上对其进行分析。我们将时变 AR（1）系数序列按年份分为 11 个区间，将其标准化后取其平均值占其极差（市场最无效）的百分比，以此来建立相对无效性测度。同时我们还计算了整个 21 年间四个市场的无效性测度。

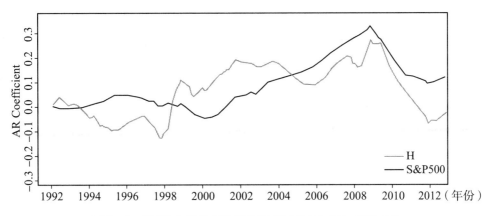

图 9 - 8　SP500 与港股指数月收益率时变 AR（1）系数对比

$$\frac{\sum\limits_{t=1}^{n} |\beta_{1,t}| / \Phi(\beta_{1,t})}{n}$$

(9.1)

结果如表 9 - 1 所示：

表 9 - 1　　　　　　　相对无效性测度表　　　　　　单位：%

年份	上证 A 股	上证 B 股	港股	SP&500
1992 ~ 1993	34. 74	58. 05	8. 05	7. 00
1994 ~ 1995	20. 22	74. 15	16. 23	12. 60
1996 ~ 1997	38. 16	66. 97	20. 31	11. 51
1998 ~ 1999	53. 28	54. 17	18. 65	6. 02
2000 ~ 2001	62. 56	52. 49	27. 12	6. 62
2002 ~ 2003	52. 63	38. 79	31. 50	19. 85
2004 ~ 2005	77. 62	18. 93	29. 56	29. 75
2006 ~ 2007	85. 17	45. 25	41. 07	44. 50
2008 ~ 2009	30. 56	51. 27	49. 35	50. 45
2010 ~ 2011	37. 90	11. 71	25. 50	27. 02
2012	20. 48	30. 15	19. 04	19. 61
1992 ~ 2012	47. 91	46. 37	26. 37	21. 44

表中结果显示，就相对无效性而言，呈现出 A 股市场 > B 股市场 > 港股 > SP500 市场的数值关系，笔者认为这一数值关系也在一定程度上反映了四个证券市场无效性的差异程度。即上证 A 股和上证 B 股市场无效性都是 SP&500 市场的两倍多，而港股市场和 SP&500 市场的市场效率相对于我国股市来说比较高。也就是说市场相对效率的关系是：SP&500 > 港股 > B 股市场 > A 股市场。

总体上来说，中国内地股市和美国成熟资本市场在市场效率方面的差距仍然很大，包括和中国香港的差距也很大，在改善市场制度以降低股票市场无效性，提高股票市场效率方面还任重道远。

四、小结

本章以股票收益的时变自相关系数作为市场无效性程度的度量，运用基于平移窗口法的股票收益自相关系数和基于状态空间模型的时变 AR（1）系数，选择上证 A 股指数、B 股指数、港股指数和 SP&500 指数为样本，实证分析了我国股票市场 1992 ~ 2012 年的相对无效性变化，并与美国股票市场和港股市场进行了对比研究，结果显示：

（1）基于状态空间模型的时变 AR（1）系数比基于平移窗口方法的股票收益自相关系数更好地反映了市场无效性的时变结构。

（2）股票市场的无效性具有时变特征，其变化趋势可能与市场环境的变化有关，而且有时受宏观经济环境的影响比较大，如 2008 年的金融危机就给证券市场的有效性带来不小的冲击。

（3）我国股票市场的无效性大于美国市场，且 A 股市场的无效性大于 B 股市场，港股市场的效率比较接近美国市场，说明我国市场效率低于美国证券市场的事实。

（4）港股和上证 B 股与上证 A 股的 AR（1）系数波动方向相反，与 SP&500 的 AR（1）系数波动方向基本一致，说明上证 A 股市场的独立性较强，和其他三个证券市场的波动方向都不一致。港股和上证 B 股市场与美国市场都具有一定的联动性。而且随着 2008 年金融危机的到来，在 2008 年末这同一时间点达到了市场最无效的状态。

（5）2008 年前后出现的金融危机对美国股票市场和港股市场效率产生了显著的不利影响，其无效性显著增大，但近期已经趋于减小。与此同时，经济危机以来，我国 A 股市场的无效性显著降低；相反，与其他市场不同的是，A 股在 2006 ~ 2007 年那场大牛市期间，达到了历史上无效状态的最高点。"反常"的表现即说明了我国股市的独立性走势。

（6）2008 年以来，上证 A 股、上证 B 股、港股市场以及美国股市的无效性均趋于显著减小，市场效率提升。

（7）美国股票市场和港股市场效率的稳定性最好、B 股市场次之，A 股市场则最差。

第四篇

相对估值效率
评价实证研究

第十章

基于 DEA 的我国 A、B 股市场
相对估值效率比较研究

第一节 引　言

交叉上市是指股票同时在两个或两个以上的证券交易所挂牌交易，一般分为两类：境内上市和境外上市。我国的境内交叉上市主要指同时发行 A、B 股的公司（记为 A + B 公司），境外交叉上市主要指同时发行 A、H 股的公司（记为 A + H 公司），其中还有少数公司在国外发行股票，如在纽约证券交易所发行。

A + B 公司的发行时间主要集中在 1999 年以前，关于 A、B 股、A + B 公司和 A、B 股市场的研究也已经出现了很多。现如今 A、B 股正面临着整合的问题，而这一问题的解决涉及如何正确评估市场之间的估值效率这一基础问题，因此，研究 A、B 股市场的相对估值效率可以为解决 A、B 股市场的整合、相关政策的制定和相关公司的决策提供依据。

易荣华等（2004）基于 DEA 理论提出了市场效率指数模型及市场相对效率检验的非参数方法，并实证分析了我国的基金市场和 B 股市场，直观的度量了二者的相对效率，发现基金市场的相对效率远高于 B 股市场的相对效率。但事实上，基金市场与我国的 B 股市场在定价行为、交易制度、监管制度等方面存在很大程度的差异，所以，以基金市场作为我国 B 股市场的比较对象还无法完全确认我 B 股市场的效率是否有改善的余地及比较我国各股市间的相对效率。

我国交叉上市 A + B 公司的存在为我们比较我国各股市间的相对估值效率提供了可能，这些公司的股票由同一公司发行，在同一交易所上市，具有相同

的内在价值信息，却出现了"同股不同价"的现象，这种价格行为在一定程度上反映了股市之间的相对估值效率，因此，同时发行 A、B 股公司的股票是评价我国股市间相对效率的最优样本。有鉴于此，本书从相对比较的角度，利用综合要素超效率 DEA 模型，根据上海市场 43 家 A + B 公司的价格表现，对我国 A、B 股市场的相对估值效率进行了讨论，并分析了二者的相对效率差距和变化趋势。

第二节　跨市场相对估值效率动态评估模型

应用 DEA 方法的最重要目的就是对各个决策单元的相对效率进行排序，但是，由传统的 C^2R 模型和 BC^2 模型得到的有效决策单元往往不止一个，会出现同时有效的情况，因此就很难对同时有效的决策单元的效率进行排序。针对这一现象，安德森等提出了一个对同时有效的决策单元进行排序的模型—超效率 DEA 模型。为了区分 A、B 股在股市中的估值效率程度差异，本书选择超效率 DEA 模型。

设有 $j = 1$，…，n 种股票，分别在 s 个市场上市，$s = 1$，2，表示上海 A 股市场和上海 B 股市场，对于在 s 市场上市的股票 j，记为 DMU_j^s，输入向量 $X_j^s = (x_{1j}^s,\ \cdots,\ x_{mj}^s)^T$ 和 $B_j^s = (\beta_j^s)^T$，输出向量 $Y_j^s = (y_j^s)^T$，全部决策单元集合为 $J = \{DMU_j^s,\ j = 1,\ \cdots,\ n;\ s = 1,\ \cdots,\ p\}$，则具有非阿基米德无穷小 ε 的综合要素超效率 DEA 模型：

$$\max \theta_{j_0,DEA}^s = \frac{y_{j_0}^s}{\sum_{i=1}^m v_i x_{ij_0}^s + w\beta_{j_0}^s}$$

s. t.　　$$\frac{y_j^s}{\sum_{i=1}^m v_i x_{ij}^s + w\beta_j^s} \leqslant 1,\ j = 1,\ \cdots,\ n;\ j \neq j_0;\ s = 1,\ 2 \quad (10.1)$$

$$v_i \geqslant \varepsilon,\ w \geqslant \varepsilon,\ i = 1,\ \cdots,\ m$$

式中，$\theta_{j_0,DEA}^s$ 为在 s 市场上市的股票 j_0 的 DEA 相对效率，β_j^s 为在 s 市场上市的股票 j_0 的收益序列标准差，用来度量系统性风险。在超效率 DEA 模型中，对于无效的决策单元，其效率值与一般的 C^2R 模型得出的估值效率值一致，但对于有效的决策单元，其估值效率值会大于 1。

利用模型（5.1）可以将在不同市场上市的股票置于同一模型中考察，在分别计算每只上市股票的 DEA 相对估值效率的基础上，按市场分类计算相对估值效率，其均值可代表市场的相对估值效率水平，即第 i 个市场的相对估值效率为：

$$\theta_s = \frac{\sum\limits_{j=1}^{n} \theta_j^s}{n} \qquad (10.2)$$

其中，θ_j^s 为第 s 个市场中第 j 只股票的相对估值效率。

第三节　实证分析

一、样本选择

本书选取在上海证券交易所同时发行 A、B 股的公司为研究对象，通过比较它们在上海 A 股市场、B 股市场的价格行为来度量我国 A、B 股市场间的相对估值效率。截止到 2011 年，在上海 A 股市场和上海 B 股市场同时发行股票的 A + B 公司共有 43 家，见表 10 - 1。虽然在 1992 年就有许多公司同时在上海 A 股市场和上海 B 股市场同时发现股票，但是由于 1992 ~ 1998 年的部分相关数据难以收集，本书将考察期定为 1999 ~ 2010 年，文中所有输入输出数据均来源于锐思数据库（www. resset. cn）。

表 10 - 1　　同时在上海 A、B 股市场发行股票的 A + B 公司的基本情况

股票简称	B 股代码	上市日期	A 股代码	上市日期
广电电子[1]	900901	19920221	600602	19901219
* ST 二纺[2]	900902	19920701	600604	19920327
SST 中纺[2]	900906	19920805	600610	19920805
海立股份[2]	900910	19930118	600619	19921116
中路股份[2]	900915	19940128	600818	19931115
金山开发[2]	900916	19931119	600679	19931008
上柴股份[2]	900920	19931228	600841	19940311
上工申贝[2]	900924	20040513	600843	19940311
上海机电[2]	900925	19970131	600835	19940224
自仪股份[2]	900928	19940429	600848	19940324

股票简称	B 股代码	上市日期	A 股代码	上市日期
*ST 轻骑[2]	900946	19970617	600698	19931206
振华重工[2]	900947	19970805	600320	20041231
大众交通[3]	900903	19920807	600611	19920807
锦江股份[3]	900934	19941215	600754	19961011
黄山旅游[3]	900942	19961122	600054	19970506
九龙山[3]	900955	19990118	600555	20010328
老凤祥[4]	900905	19920814	600612	19920814
鼎立股份[5]	900907	19920828	600614	19920828
浦东金桥[5]	900911	19930531	600639	19930326
外高桥[5]	900912	19930726	600648	19930504
陆家嘴[5]	900932	19941122	600663	19930628
氯碱化工[6]	900908	19921113	600618	19921113
双钱股份[6]	900909	19921204	600623	19921204
*ST 联华[6]	900913	19930928	600617	19921013
丹化科技[6]	900921	19931228	600844	19940311
锦江投资[7]	900914	19931018	600650	19930607
SST 天海[7]	900938	19960430	600751	19960909
锦州港[7]	900952	19980519	600190	19990609
海南航空[7]	900945	19970626	600221	19991125
海欣股份[8]	900917	1993128	600851	19940404
上海三毛[8]	900922	19931231	600689	19931108
鄂尔多斯[8]	900936	19951020	600295	20010426
开开实业[8]	900943	19970108	600272	20010228
友谊股份[9]	900923	19940105	600827	19940204
上海物贸[9]	900927	19940330	600822	19940204
大江股份[10]	900919	19931215	600695	19931122
耀皮玻璃[11]	900918	19931210	600819	19940128
华新水泥[11]	900933	19941209	600801	19940103
宝信软件[12]	900926	19940315	600845	19940311
上海普天[12]	900930	19941020	600680	19931018

续表

股票简称	B 股代码	上市日期	A 股代码	上市日期
东方通信[12]	900941	19960809	600776	19961126
华电能源[13]	900937	19960422	600726	19960701
永生投资[14]	900904	19930820	600613	19930820

注：[ ] 表示所属行业，[1]——电子业，[2]——机械设备仪表行业，[3]——社会服务业，[4]——其他制造业，[5]——房地产业，[6]——石油化学塑料塑胶业；[7]——交通运输、仓储业，[8]——纺织、服装、皮毛业，[9]——批发和零售贸易；[10]——食品饮料业，[11]——金属非金属业，[12]——信息技术业，[13]——电力、煤气及水的生产业，[14]——医药、生物制品业。

二、变量选择

关于输入变量的选择，本书主要从三个方面来考虑：公司的内在价值因素、行业因素和市场环境因素。本书选择的公司内在价值因素为每只股票的每股收益、每股净资产、流通股、年换手率、贝塔系数，这些都是评估股票价格的基石。贝塔系数是年度股票周收益率的标准差。按照中国证监会 2001 年颁布的《上市公司行业分类指引》，将 43 家 A + B 公司划分为 14 个行业（见表10－1）。

一般地，行业竞争程度越低，获取的超额收益率越高，股票定价就越高；反之，股票定价越低。而一个行业其净资产收益率均值越高标准差越低，行业竞争程度越低，反之则较高。因此，应当将度量行业竞争程度的指标（行业净资产收益率的均值和标准差）考虑进去。为了简化指标，令 I = 行业净资产收益率的均值/行业净资产收益率的标准差，用 I 度量行业竞争程度，I 越大，行业竞争程度越低；I 越小，行业竞争程度越高。本书选择的行业因素主要是行业的增长率、I，它们分别反映行业的成长性和行业竞争程度。行业的增长率用最近三年的每股收益度量。T 年的行业增长率 = T 年的每股收益/$[0.3 \times (T-2)$ 年每股收益 $+0.7 \times (T-1)$ 年每股收益 $]-1$。在市场环境因素方面，本书选择利率。因为利率对公司盈利水平、市场流动性和投资者机会成本均有重要影响，是影响股票市场走势最为敏感的因素之一。本书选取的输出变量为股票价格，单位是人民币。

三、缺失数据的处理和数据规范化

由于个别公司的每股收益数据在某一年度会出现缺失的情况，本书采用分层均值插补法为缺失数据找一个替代值，以构成完整的数据集。方法如下（以样本 A 股的数据为例）：对所有 A 股数据进行分层，每一个公司为一个层，在每一层中，用该层全部有数据单元的均值插补该层无数据单元的缺失值。

根据 DEA 模型对输入输出数据的要求，需要对相关数据进行规范化处理：由于存在"小盘股"偏好（流通股本小，则估价高），取流通股的倒数（为使不同的输入数据项的数量级相近，再将其乘以 10^8）；利率与股价负相关，因此，在输入 DEA 模型时，应与流通股一样取倒数；换手率和行业增长率以百分数为单位；对于具有负值数据的变量统一按照取一个略大于最小实际负值数据绝对值的正数加上对应输入项，使所有输入数据为严格正值。

四、结果分析

将样本公司在上海 A、B 股市场上市的所有输入输出的年度数据代入超效率 DEA 模型（10.1），利用 MATLAB 软件计算出了各公司在各年度的超效率 DEA 值，利用公式（10.2），得出上海 A、B 股市场在各年度的相对估值效率，具体结果见表 10 - 2 和图 10 - 1。由表 10 - 2 和图 10 - 1 知：上海 A、B 股市场的 DEA 相对估值效率在较多年份里相差无几，变化趋势基本一致，这是因为 A、B 股市场交易制度和监管制度相同，存在很强的联动效应。

表 10 - 2　　　　　　　　上海 A、B 股市场的 DEA 相对估值效率

股票	年度相对估值效率											
	1999	2000	2001	2002	2003	2004	2005	2006	2007	2008	2009	2010
A	0.962	1.012	0.971	1.008	0.903	1.091	1.035	0.884	1.013	0.963	0.825	1.013
B	0.672	0.834	1.031	1.088	0.961	1.122	1.086	0.792	1.029	0.996	0.851	0.956

从图 10 - 1 走势可以看出：

（1）在这 12 年的样本期间，上海 A、B 股市场相对估值效率的总体趋势是一致的，相对估值效率的低点分别出现在 2003、2006、2009 年，说明上海 A 股、B 股市场的联动性非常强。

（2）在 2001 年前，B 股市场相对估值效率低于 A 股市场，而此后至 2005 年，B 股市场相对估值效率始终高于 A 股市场，说明 2001 年 1 月，B 股对境内居民开放等措施起到了积极的效果。

（3）2004 ~ 2006 年、2007 ~ 2009 年 A、B 股市场相对估值效率均经历了

一个明显的下降过程，这可能与 2004 年开始的股权分置改革措施实施期间对效率的短期负面影响有关，而后者则是由于 2008 年金融危机的负面影响。

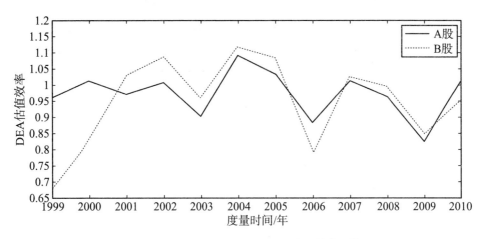

图 10 - 1　上海 A、B 股市场 DEA 估值效率趋势图

五、小结

与以往我国证券市场之间相对估值效率的比较研究做法不同，本书基于我国上海市场分为上海 A 股市场、上海 B 股市场和存在同时在两个市场发行股票的公司的现状，从相对比较的角度，利用综合要素超效率 DEA 模型，以在上海 A、B 股市场同时上市的公司为样本，对市场之间的相对估值效率进行了探讨。主要结论有：

（1）在考察窗口期间，上海 A、B 股市场的相对估值效率变化趋势基本一致，几乎是同升同降，说明上海 A、B 股市场的联动性很强；

（2）在 2001 年前，B 股市场相对估值效率低于 A 股市场，而此后至 2005 年，B 股市场相对估值效率始终高于 A 股市场，说明 2001 年 1 月，B 股对境内居民开放等措施由于扩大了 B 股市场的投资者队伍而对效率提升产生了积极的效果。

（3）2004～2006 年、2007～2009 年 A、B 股市场相对估值效率均经历了一个明显的下降过程，说明 2004 年开始的股权分置改革措施、2008 年金融危机等重大事件对市场效率有显著的短期负面影响。

本书利用相对比较的方法，得出了我国上海 A、B 股市场在 1999～2010 年的相对估值效率和二者之间的估值差异，这有助于改进仅从绝对价格水平认知两个市场差异的传统做法，获得更有意义的信息，甚至对于今后有关 A、B 股市场并轨的政策制定有一定的指导意义。值得指出的是，本书没有将深圳市场的 A + B 股纳入研究样本，而且，样本期间偏短，这将在一定程度上影响本书结论的科学性和可信度。

第十一章

基于 DEA 的 A 股市场不同行业相对估值效率比较研究

第一节 引 言

长期以来,研究估值效率的主要方法是通过比较实际的市盈率与市盈率标准的差异或者实际的股价与内在价值的差异来实现,为此,确定市盈率标准和估计内在价值是关键,前者在一定程度上只是基于市场利率和预期的每股盈利的一个经验数据,后者则是在公司预期的每股盈利和市场利率的外延的基础上估计公司存续期内所产生的现金流折现值。大量事实表明,基于市盈率标准或内在价值估计的方法很难合理解释同一市场以及不同市场之间不同阶段所产生的平均市盈率的巨大差异,如 1981～2006 年,美国标准普尔 500 的市盈率最高为 40.3,最低为 8,平均市盈率为 20.1,而同期东京股市(主板)的市盈率最高为 614.1,最低为 21.1,平均市盈率为 87.5,因此,很难解释内在价值相同的不同股票在价格上所存在的巨大差异现象。按照既有的理论,人们无法分辨这种"异象"究竟是产生于市盈率标准确定或内在价值估计上的错误,还是证券市场本身出现了估值的错误(市场无效)。

20 世纪 90 年代后期至今,部分学者开始从多要素定价和相对评价的视角来研究证券市场的效率问题。1997 年,坎贝尔等提出了相对效率的概念,认为有效市场只是一种理想的状态,从经济的角度是不可能存在的,但它可以作为测度市场相对效率的有用基准。本书在借鉴已有成果的基础上,按照易荣华和达庆利(2004)提出的综合要素和相对评价思想,基于 DEA 理论构造一种能体现相对、动态和综合的比较思想,同时将多种估值要素纳入到模型中进行市场估值效率评估的方法,并应用我国 A 股市场内的行业估值分析,同时将其与传统的市盈率指标进行了比较，预期成果可以获得市场对各个行业的相对估值效率，为市场参与者认知市场规律和估值偏好提供更多的决策信息。

第二节　综合要素相对估值效率评价的 DEA 模型

与此前的研究类似，在本章研究中，设每只（或一类）股票为一个决策单元（Decision Making Unit, DMU），它有 $i = 1, 2, \cdots, (m+1)$ 个输入变量（估值变量），前 m 个输入变量分别反映股票的市场环境、内在价值、交易特性等估值要素，第 $m+1$ 个输入变量则反映风险指标[①]；1 个输出变量是股票价格或者价格指数。假设市场有 $j = 1, 2, \cdots, n$ 种股票（DMU），全部 DMU 集合记为：$J = \{DMU_j, j = 1, \cdots, n\}$，第 j 只股票记为 DMU_j，其输入向量为 $X_j = (x_{1j}, \cdots, x_{mj})^T$ 和 $B_j = (\beta_j)^T$，输出向量为 $Y_j = y_j$，设对应输入的权重向量为 $V = (v_1, v_2, \cdots, v_m)^T$ 和 w。由第三章的讨论可以得到具有非阿基米德无穷小 ε 的综合要素 DEA 估值效率模型（C^2R 模型）：

$$\max \theta_{j_0, DEA} = \frac{y_{j_0}}{\sum_{i=1}^{m} v_i x_{ij_0} + w\beta_{j_0}}$$

$$\text{s. t.} \quad \frac{y_j}{\sum_{i=1}^{m} v_i x_{ij} + w\beta_j} \leq 1, \ j = 1, \cdots, n \qquad (11.1)$$

$$v_i \geq \varepsilon, \ w \geq \varepsilon \quad i = 1, 2, \cdots, m$$

式中，$\theta_{j_0, DEA}$ 为股票 j_0 的 DEA 估值效率，ε 为非阿基米德无穷小量，β_j 为股票 j 的收益率序列标准差，用来度量系统性风险。

上式中，目标函数最优值 $\theta_{j_0, DEA}$ 为被评价股票的 DEA 估值效率。显然，若 $\theta_{j_0, DEA}$ 等于 1 说明被评价股票 DMU_{j_0} 相对有效，这表明在投入相同的估值要素的情况下，其他股票的定价不会更高，或者，在股票价格相同的情况下，其他股票的估值要素不会投入的更少，否则，表明 DMU_{j_0} 无效。

显然，按照法马关于有效市场假说（EMH）的定义，在一个理想的有效市场中，每一只股票都应得到合理的定价，即式（11.1）中的所有股票的 $\theta_{j_0, DEA}$ 均应为 1。定义整个市场的平均 DEA 估值效率 I：

$$I = \sum_{j=1}^{n} \theta_{j_0, DEA} / N \qquad (11.2)$$

[①] 单列风险指标的原因在于其指标的特殊性。

可以看出，I 的大小反映了市场整体估值效率（有效性）的高低，

进而，市场内个体股票之间的 DEA 估值效率的差异也从另外一个侧面反映了证券市场估值的有效性，差异越大说明市场错误定价越严重（注意：过高和过低的定价并存且差异程度大），此时市场的整体估值效率越低。有鉴于此，本书定义市场估值无效指数 v：

$$v = \sigma/I \tag{11.3}$$

式中，σ 为市场中个体股票之间 DEA 估值效率的标准差，I 为市场的平均估值效率，v 越大说明证券市场"歧视性"估值现象越严重，证券市场的估值效率越低。

显然，I 及 v 可以综合测度市场估值的有效性，当 I 越小而 v 越大时，市场估值有效性就越差。同时，可以得到市场完全有效的必要条件：$I = 1$，$v = 0$，即市场平均 DEA 估值效率是 1 且市场估值无效指数是 0。

利用上述模型可以得到截面数据和面板数据，基于截面数据可以分析市场中的特定股票、一类股票（如行业）或者整个市场在某一时间点的估值效率，并且利用估值要素和模型参数可以进而分析市场估值偏好甚至低估值的原因；而基于相关的面板数据则可以进一步考察市场估值偏好、估值效率等的变化规律。

与已有的估值效率研究方法（如统计检验方法、股价与内在价值比较、市盈率等）相比，上述模型的优点是可以包含更多的估值要素，体现相对估值的定价机制，并且可从市场"歧视性"估值的视角度量市场的估值有效性，从而参数和效率测度指标具有更加明确的经济意义，为市场参与者认知市场规律和估值偏好提供更多的决策信息。

第三节 实 证 分 析

一、样本数据的选取

本书选择 2001~2010 年深圳 A 股市场全部股票作为样本，以 22 个行业指数为评价决策单元，评估各个行业在不同时期的 DEA 估值效率。按照深圳证券交易所（深交所）的行业分类标准，行业分类指数包括农林牧渔指数、采掘业指数、制造业指数，水电煤气指数、建筑业指数、运输仓储指数、信息技

术指数、批发零售指数、金融保险指数、房地产指数、社会服务指数、传播文化指数、综合类指数共十三类。其中，制造业又分为食品饮料指数、纺织服装指数、木材家具指数、造纸印刷指数、石化塑胶指数、电子指数、金属非金属指数、机械设备指数、医药生物指数九类，共计 22 个行业指数，该行业分类指数以 1991 年 4 月 3 日为基期，基期指数设为 100 点，起始计算日为 2001 年 7 月 2 日。所有行业的收盘价格指数和相关的估值要素数据均来源于锐思数据库（www. resset. cn），并选择每年 5 月份第一周收盘时的相关数据进行计算①。

二、变量选择与数据规范化

基于易荣华等（2010）关于股票定价模式及股价分解测度方法的研究结果，股票市价 = 内在价值 + 市场溢价 + 交易溢（折）价 + 随机波动，本书选取每年 5 月第一周各个行业的收盘价格指数作为输出变量；输入变量分别为：每股净资产、每股收益、流通股本、行业增长率、周收益的贝塔系数、换手率，它们分别反映盈利能力、股东权益、行业成长性、系统性风险和交易特性。取行业内个股流通股本的平均值作为行业流通股本指标；而每股净资产、每股收益、年换手率指标则取所有行业个股的流通股加权平均值；行业增长率是最近两年的加权平均，即 T 年的行业增长率 = T 年的加权平均每股收益/$[0.3 \times (T-2)$ 年加权平均每股收益 + $0.7 \times (T-1)$ 年加权平均每股收益] - 1；利用截至 4 月 30 日的上一年度的周收盘价格指数进行计算贝塔系数。

根据 DEA 模型对变量的要求，在代入 DEA 模型前需要对相关变量进行如下规范化处理：因为存在"小盘股"的偏好（流通股本小，则估价高），所以流通股应取倒数（为了保证输入数据项的数量级相近，再将其与 10^9 相乘）；换手率和行业增长率的单位是百分数；当输入变量出现负值时，先取一个略大于最小实际负值绝对值的正数，再将其加到对应输入项上，使所有数据为严格正值。

三、计算过程及结果

根据模型（11.1），本书运用 LINGO 软件分别计算 2002 ~ 2009 年深圳证券交易所各个行业分类指数的 DEA 估值效率，并在此基础上，分别计算了各

---

① 选择每年 5 月份第一周收盘价格指数的原因是上一年度的年报公告截止日为 4 月 30 日，5 月份第一周所有股票的年报均已公布，数据最完整。

行业和深圳 A 股市场的平均估值效率、市场估值无效指数和平均市盈率指标，结果见表 11 - 1。

表 11 - 1 　　　2002 ~ 2009 年各行业的 DEA 估值效率与市盈率一览表

代码	行业	2002 年	2003 年	2004 年	2005 年	2006 年	2007 年	2008 年	2009 年	期间平均估值效率	期间平均市盈率
399110	农林牧渔	1.00	1.00	0.65	0.46	0.57	0.29	0.48	0.59	0.63	46.9
399120	采掘业	1.00	1.00	1.00	1.00	1.00	1.00	1.00	1.00	1.00	27.6
399130	制造业	1.00	0.84	0.75	0.65	0.68	0.56	0.88	0.76	0.77	29.1
399131	食品饮料	1.00	0.94	1.00	1.00	1.00	1.00	0.98	1.00	0.99	35.8
399132	纺织服装	1.00	0.83	1.00	0.41	0.60	0.63	0.61	0.58	0.71	39.4
399133	木材家具	0.63	0.43	0.46	0.18	0.25	0.14	0.19	0.17	0.31	31.6
399134	造纸印刷	0.98	0.88	0.68	0.44	0.43	0.36	0.51	0.39	0.58	31.4
399135	石化塑胶	1.00	0.96	0.88	0.68	1.00	1.00	0.84	0.89	37.0
399136	电子	0.79	0.87	0.49	1.00	0.63	0.36	0.54	0.58	0.66	54.3
399137	金属非金属	1.00	1.00	1.00	1.00	1.00	0.61	1.00	1.00	0.95	20.8
399138	机械设备	1.00	0.93	0.69	0.60	0.66	0.46	0.80	0.64	0.72	30.3
399139	医药生物	0.65	0.74	0.90	1.00	1.00	0.71	0.62	0.93	0.82	38.3
399140	水电煤气	0.98	1.00	0.65	0.71	0.76	0.82	1.00	0.77	0.84	29.9
399150	建筑业	0.75	0.81	0.54	0.69	0.56	0.84	0.54	0.52	0.66	43.3
399160	运输仓储	1.00	1.00	1.00	1.00	1.00	1.00	0.80	1.00	0.97	27.3
399170	信息技术	0.85	0.81	0.57	0.86	0.62	0.48	0.59	0.52	0.66	37.8
399180	批发零售	0.74	0.87	0.49	0.85	0.78	1.00	0.83	1.00	0.82	38.6
399190	金融保险	1.00	1.00	1.00	1.00	1.00	1.00	0.94	1.00	0.99	45.6
399200	房地产业	0.83	1.00	1.00	1.00	1.00	1.00	1.00	1.00	0.98	27.0
399210	社会服务	0.91	1.00	1.00	0.92	0.74	0.71	0.63	0.75	0.83	41.5
399220	传播文化	0.58	0.71	0.69	0.69	0.43	0.85	0.45	1.00	0.67	46.5
399230	综合类	0.89	0.87	1.00	1.00	0.53	0.98	0.44	0.83	0.82	55.9
平均估值效率 I		0.89	0.89	0.79	0.78	0.73	0.72	0.72	0.77	—	—
估值无效指数 ν		0.16	0.15	0.26	0.32	0.31	0.39	0.33	0.31	—	—
平均市盈率		52.3	45.6	39.0	24.1	21.0	41.7	38.7	34.1	—	—

四、DEA 估值效率及与市盈率的比较分析

（一）市场整体情况

2002～2009 年，国有股减持与持续的大规模扩容以及 2005 年开始的股权分置改革等大事件的对我国股票市场产生了重大影响，大盘指数波动巨大（波幅达 6 倍），而股票市场平均市盈率的波幅也接近 2.5 倍。从绝对估值效率来看，市场估值的合理性和背后的规律是很难判断的。从本书提出的 DEA 估值方法的实证结果（表 11 － 1 及图 11 － 1）可以看出，在 2002～2009 年的市场平均估值效率（相对估值效率）介于 0.7～0.9，其走势是先下降再上升的，拐点在 2007 年；市场估值无效指数介于 0.15～0.4，其走势是先上升再下降的，拐点也出现在 2007 年，由此可见，国有股减持与持续的大规模扩容以及 2005 年开始的股权分置改革等事件对市场估值效率产生了持续的负面影响，并且这些改革措施的代价是牺牲短期市场估值效率，然而 2007 年股权分置改革基本完成以后，市场估值效率却开始回升。

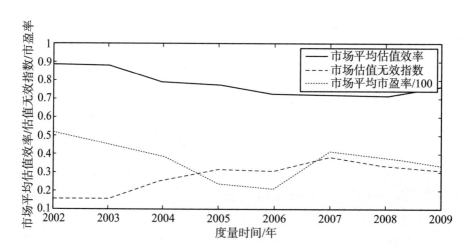

图 11 － 1　市场平均估值效率/市场估值无效指数/市盈率变化情况

从图中可以看出，在样本期间，市场平均市盈率介于 21～52 倍大幅波动走势，即"降—升—降"，在 2006 年出现最低点；市场估值无效指数和市场平均估值效率的走势总体比市盈率指标更加平稳，在 2003～2008 年，市场平均估值效率是下降的，市场估值无效指数是上升的，这可能与此期间进行的多

项改革政策（如股权分置改革等）推出产生的短期冲击以及此期间股市出现的大幅波动有关，尤其当在 2007 年深成指创造历史新高的时候，市场平均估值效率最低，市场估值无效指数最高，说明此时"歧视性"估值非常严重，投机性的"牛市"特征表现明显，但此时的市盈率指标并不能清晰地反映出这一点，因为此时的市盈率并不是在历史最高点。2008 年以后，市场的估值效率和估值无效指标均反映出市场开始转入相对效率提升的阶段，本书认为，这与我国证券市场有效性的演变趋势是一致的。

（二）行业对比情况

从表 11 - 1 右侧的 2002 ~ 2009 年行业平均市盈率与行业平均估值效率关系来看，市盈率和估值效率之间并没有明确的相关关系，这说明公司盈利以外的其他要素确实得到了定价，完全按照内在价值来衡量估值合理性是有问题的。

从表 11 - 1 可以看出：2002 ~ 2009 年，各行业估值效率的变化趋势具有较大差异：房地产行业、金融保险、运输仓储、金属非金属、食品饮料、采掘业始终处于估值有效状态，这说明市场长期估值偏好这 6 个行业；而信息技术、造纸印刷、建筑业、木材家具 4 个行业始终是估值无效的，这些现象的出现与行业本身的相对成长性差异和发展态势有内在联系，但由于同时存在着市场估值的"强者恒强"与"弱者恒弱"的现象，在一定程度上市场估值可能存在"人为操纵"现象，因为市场本身具有价格发现功能和价格调整功能，所以长期估值过高或过低都是不正常的。

五、DEA 估值效率的投资研判价值分析

根据证券投资理论，当股票暂时被低估或高估时，市场的价格发现功能将使其回归到合理估值范围。因此，从相对估值的角度，基于 DEA 的相对估值效率测度方法可以发现价值被高估或低估的股票。显然，在一个有效的市场中，每一只股票都应得到合理的估值，即不论市场总体趋势如何变化，相对估值效率低的股票，其未来价格上升的概率更大，反之，相对估值效率高的股票，其未来价格下跌的风险更大。为了检验 DEA 估值效率是否具有投资决策价值，本书以行业股票指数为交易标的，依照一年期的"买入—持有"投资策略，分析不同 DEA 估值效率范围与平均持有期收益率之间的相关性。如表 11 - 2 和图 11 - 2 所示。

表 11 – 2　　　　　　行业分类指数的 DEA 估值效率与平均持有期收益率

年度	估值效率范围	行业个数	平均持有期收益率	年度	估值效率范围	行业个数	平均持有期收益率
2002	0.9 ~ 1	13	1.775	2006	0.9 ~ 1	7	5.562
	0.7 ~ 0.9	6	− 7.807		0.7 ~ 0.9	4	5.751
	0.7 以下	3	− 18.10		0.7 以下	11	− 0.003
2003	0.9 ~ 1	11	0.964	2007	0.9 ~ 1	8	8.253
	0.7 ~ 0.9	10	0.709		0.7 ~ 0.9	5	− 13.165
	0.7 以下	1	− 19.10		0.7 以下	9	− 5.182
2004	0.9 ~ 1	9	11.008	2008	0.9 ~ 1	7	− 3.214
	0.7 ~ 0.9	3	0.674		0.7 ~ 0.9	3	6.475
	0.7 以下	10	− 11.62		0.7 以下	12	6.062
2005	0.9 ~ 1	10	3.034	2009	0.9 ~ 1	9	1.052
	0.7 ~ 0.9	3	− 3.920		0.7 ~ 0.9	5	− 2.153
	0.7 以下	9	− 11.32		0.7 以下	8	10.183

从表 11 – 2 可以看出，2002 ~ 2007 年，持有股票的估值效率越高，投资收益率越高，说明了市场的取向是"强者恒强"现象占主导的投机性市场以及市场是"人为操纵"市场和估值无效的事实；而 2008 年以后，持有股票的估值效率越低，投资收益率越高，这表明市场的取向是"强弱变换"占主导的投资性市场，市场估值趋于有效。

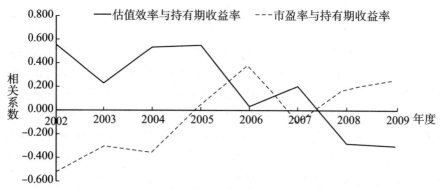

图 11 – 2　估值效率、市盈率与持有期收益率的相关系数

进一步地，从图 11 – 2 所示的估值效率与持有期收益率和市盈率与持有期收益率的相关系数来看，尽管估值效率与持有期收益率存在着显著的相关性，

但二者的相关性与市场的阶段性特征相关，即 2008 年以前是正相关，2008 年以后是负相关，这也印证了表 11 – 2 反映出的特征。但传统市盈率与持有期收益率之间的相关性不如估值效率与持有期收益率之间的相关性显著，呈现出"负 – 正 – 负 – 正"相关的波动性。由此可见，估值效率指标比市盈率指标具有更大的投资决策价值。

六、市场估值偏好分析

一般而言，估值偏好在不同市场以及同一市场的不同发展时期会有差异。为了进一步分析深圳 A 股市场的演变规律和估值偏好特征，本书计算了 2002 ~ 2009 年各年度 DEA 相对估值效率与各输入变量之间的相关系数，结果如表 11 – 3 所示。

表 11 – 3　　　　DEA 估值效率与输入变量的相关性（2002 ~ 2009 年）

年度	流通股本	年换手率	每股收益	每股净资产	行业增长率	贝塔系数
2002	– 0.431 *	– 0.043	– 0.080	– 0.206	– 0.137	– 0.574 **
2003	– 0.512 *	– 0.233	0.001	– 0.116	– 0.139	– 0.193
2004	– 0.389	– 0.148	– 0.050	– 0.187	– 0.157	– 0.460 *
2005	– 0.535 *	– 0.144	– 0.082	– 0.463 *	– 0.205	– 0.504 *
2006	– 0.541 **	– 0.361	0.246	0.060	– 0.262	– 0.375
2007	– 0.552 **	– 0.495 *	0.047	– 0.050	– 0.394	– 0.020
2008	– 0.637 **	– 0.489 *	0.299	0.256	0.097	– 0.103
2009	– 0.678 **	– 0.755 **	0.078	– 0.108	– 0.106	– 0.024

说明：* 表示在 95% 置信度下显著相关，** 在 99% 置信度下显著相关。

可以看出，流通股本与估值效率始终呈现显著负相关，表明长期以来市场估值显著偏好"小盘股"；估值效率与年换手率始终呈现负相关，并且相关性越来越强，表明市场的交易活跃程度对估值效率有负面影响，并且越来越强；每股净资产、每股收益、行业增长率等与估值效率的相关性不明显，表明在市场估值中内在价值和成长性指标并没有得到合理反映；贝塔系数与估值效率始终呈现负相关，但相关系数越来越小，表明风险指标没有得到市场的合理定价。以上结果表明，小盘股始终能够获得高估值，交易越活跃其相对估值效率越低，内在价值指标、成长性指标和风险指标均没有得到市场的合理定价，这反映出市场估值是非有效的，但总体上有向好的趋势。

七、小结

　　鉴于现有证券市场有效性研究方法中传统将信息套利效率混同于基本估值效率、只能依靠传统的统计检验而不能度量和测度内在价值及确定市盈率标准等方面的困难，本书从相对估值和综合估值要素的视角，基于有效市场中的每一只股票都应得到合理估值的思想，提出了一种能体现相对性、动态性和综合性的 DEA 估值效率模型，并构造了一个市场估值无效指数。因为引入模型的变量包括了风险测度、市场环境、内在价值以及交易特性等多种估值要素，所以可以获得经济意义更加明确的市场相对估值效率，为市场参与者认知市场规律和估值偏好提供更多的决策信息，利用面板数据和截面数据可以分析市场估值效率、市场估值偏好等的演变规律和时点特征。

　　以深交所行业分类指数为决策单元的实证分析结果表明，在 2002～2009 年的市场平均估值效率（相对估值效率）介于 0.7～0.9，其走势是先下降再上升的，拐点在 2007 年；市场估值无效指数介于 0.15～0.4，其走势是先上升再下降的，拐点也出现在 2007 年，可见，国有股减持与持续的大规模扩容以及 2005 年开始的股权分置改革等事件对市场估值效率产生了持续的负面影响，并且这些改革措施的代价是牺牲短期市场估值效率。房地产行业、金融保险、运输仓储、金属非金属、食品饮料、采掘业始终处于估值有效状态，这说明市场长期估值偏好这 6 个行业；而信息技术、造纸印刷、建筑业、木材家具 4 个行业始终是估值无效的，这些现象的出现与行业本身的相对成长性差异和发展态势有内在联系，但由于同时存在着市场估值的"强者恒强"与"弱者恒弱"的现象，在一定程度上市场估值可能存在"人为操纵"现象。

　　行业估值效率指标与市盈率指标的比较分析说明，本书提出的综合要素 DEA 相对估值效率计量方法在市场估值效率测度、投资分析价值及估值偏好识别等方面优于传统方法。值得注意的是，本方法中的 DEA 相对估值效率及市场估值无效指数是基于决策单元（本书中指的是行业分类指数）估值差异程度及优化比较的相对效率的测度，本书的实证研究主要探讨的是深圳 A 股市场内部各个行业之间的相对估值有效性，如果需要研究与有效市场（如公认的美国市场）的估值效率差异或者研究任意两个市场的相对估值效率差异，则可以通过选取交叉上市股票为样本来实现。

第十二章

基于 SFA 的市场间相对估值
效率与估值模式比较

第一节　基于 SFA 理论的估值思想

　　传统估值理论认为股票定价完全受公司特质的影响，但越来越多的证据表明公司以外的因素也得到了定价。哈维（1995）认为股票定价非常复杂且随时间变化，必须正确认识股票价格的决定机制以及在定价过程中系统考虑股票基本面以外的其他变量。爱德华兹（Edwards，1995）认为以绝对归因的观点研究复杂的股票市场问题并不是最有效的方法。艾伦（2004）认为股票价格变动可能由基本面以外的市场动态力量而产生。由此可见，股票基本面以外的变量以及市场相对动态力量在价格决定机制中发挥了重要作用。为此，法马和弗兰奇（Fama and French，1995）提出了包括市场、规模、价值因素的三因素模型；卡哈特（Carhart，1997）则在此基础上提出了包括动量因素的四因素模型。国内学者朱武祥（2003）等基于公司每股收益、行业平均每股收益、公司流通规模、上市地点等定价影响因素构建了以股票价格为因变量的对数计量模型。坎贝尔等（1997）则提出了相对估值理论以及要回归价格研究而不只是具有更好数学特性的收益率研究。

　　本书将证券市场视为具有特殊生产函数关系的转换系统，运用随机前沿理论构建股价与估值因素的生产函数关系，在此基础上，基于 SFA 技术效率构建有效市场假说概念下的市场估值效率指数，定量测度市场相对估值效率水平和估值有效性；并基于 SFA 生产函数的估计参数分析市场估值模式（函数关系与估值特征），从市场环境和估值理念的视角解读交叉上市股票同时存在溢价和折价的原因与市场规律。与现有 SFA 运用于证券分析研究文献不同的是，本书综合运用了 Fama – French 三因子模型以及坎贝尔（1997）的相对估值思想，选择交叉上市股票作为研究对象，在输入变量选择更全面、内在价值计算考虑了市场环境差异，并尝试利用 SFA 技术效率构建了有效市场假说概念下的市场估值效率指数。

第二节　基于 SFA 理论构建的估值效率模型

一、变量选取

尽管股票定价的影响因素众多，但引入模型的变量并非越多越好，根据陈等（Chen et al.，2010）基于中国股市 1995 ~ 2007 年的市场数据实证研究股票收益可预测性时的结论，在 18 个选定的因素中，只有 5 个主要因素是统计显著的。本书也尝试引入更多的估值因素变量，如反应资产盈利能力的资产净利率、反映公司资本结构的资产负债率以及偿债能力的权益系数等，但结果显示，随着投入指标的增多，变量之间内生性问题更加突出。最终，本书选择了对股票估值具有稳定函数关系和明确经济意义的因素构建以内在价值为基础变量、影响市场溢价和交易溢价的主要因素为辅助变量的模型变量体系，即：每股内在价值、主营业务收入增长率（主营业务增长比单纯利润增长更具稳定性）、流通股本规模、每股现金分红比例和 β 系数等，分别反映股票的基础价值、成长性溢价、流动性溢价、分红效应和风险溢价效应等。值得指出的是，利率水平、每股收益等因素已经融入每股内在价值的计算之中，交叉上市股票的内在价值计算应该分别采用上市地的贴现率。从可查阅的文献看，本书在估值模型考虑的变量因素十分全面，既考虑了当前内在价值，也考虑未来增长机会价值，还考虑了规模因子、风险因子、流动性因子等。

二、SFA 估值函数

运用 SFA 理论的前提是确定合理的生产函数形式。根据多因素相对定价理论，股票定价机制受公司特质因素和市场环境因素的共同作用，股票价格与估值因素之间往往表现为动态的非线性生产函数关系。有关研究表明要准确找出这种非线性关系模式是困难的，一种可行的替代方法是采用柯布 – 道格拉斯

（C-D）型生产函数形式，易荣华、孙子璇（2014）等通过实证研究证明了股票定价非线性函数形式的模型精确度高达 83.87%，非线性的 C-D 函数形式比线性函数更适合刻画股票定价的复杂性特征。

股票估值柯布-道格拉斯（C-D）型生产函数形式为：

$$Y_i = \beta_0 X_{ij}^{\beta_j} \tag{12.1}$$

式中，Y_i 为股票 i 的价格，X_{ij} 为股票 i 的第 j 个估值因素变量，$i = 1$, 2, $\cdots$, n, $j = 1$, 2, $\cdots$, m。

式（1）的对数表达式为：

$$\ln Y_i = \ln\beta_0 + \beta_1 \ln X_{i1} + \beta_2 \ln X_{i2} + \beta_3 \ln X_{i3} + \beta_m \ln X_{im} \tag{12.2}$$

基于 SFA 的股票定价函数及其技术效率估计模型可以表述为：

$$\ln Y_i = \ln\beta_0 + \beta_1 \ln X_{i1} + \beta_2 \ln X_{i2} + \beta_3 \ln X_{i3} + , \cdots, \beta_m \ln X_{im} + v_{it} - u_{it} \tag{12.3}$$

三、数据规范化处理

考虑到年报数据最为系统和准确，本书以年报数据公布截止日（4月30日）后的5月份第一周收盘数据进行计算，以便年报信息均能被市场消化和在价格中得到充分反映，最大限度地避免因评价时点选择而产生的歧视性影响。

模型变量数据预处理包括：

（1）股票价格（Y_i）的单位为人民币元，H 股股价下载时按照当天汇率自动换。

（2）每股内在价值（X_{1i}）运用刘熜松（2005）提出的修正 F-O 模型计算，即：

$$X_{1i} = BV_{it} + \sum_{t=1}^{\infty} \frac{ROE - \rho}{(1 + \rho)^t} \times (1 + ROE - \alpha \times ROE - \rho)^{t-1} \times BV_{it} \tag{12.4}$$

式中，BV_{it} 为每股净资产，ROE 和 ρ 分别为 N 年中公司的平均净资产收益率和平均无风险利率，α 为平均分红比例。内地采用中长期银行间拆借国债交易利率作为无风险利率，香港采用 1994 年 1 月 1 日 ~ 2013 年 12 月 31 日一年期定期存款利率日平均值，ROE 和 α 均采用 2002 ~ 2012 年度数据的简单平均。

（3）主营业务收入增长率（X_{2i}），按照 1 : 3 : 6 的加权比例对近三年主营业务增长率计算加权平均。

（4）流通股本（X_{3i}），按照 A 股和 H 股的个股流通股本占同类股票的流通总市值比例计算流通规模系数，即：$X_{3i} =$ 个股流通市值/同类股票市值×100。

（5）现金分红比例（X_{4i}），按照年度分红方案中现金分红比例计算。

（6）β 系数（X_{5i}），采用个股和大盘指数的周收益率数据计算，A 股选取上证综合 A 指数和深圳成分指数；H 股选取恒生国企指数。

四、模型有效性检验

由于 SFA 是估计生产函数和测定技术效率的有效方法，它考虑了生产函数中误差项的复合结构和分布形式，利用极大似然法能估计出各个参数值，并用技术效率项的条件期望作为技术效率值。按照其原理，具有复合扰动项的随机前沿模型的扰动项 ε 由 u 和 v 两个部分组成，其中 $v_i \sim i.i.d. N(0, \sigma_v^2)$，$u_i$ 与 v_i 相互独立。它不仅可以用于估计生产函数，还可以考察决策单元的技术效率。

$$TE_{it} = \exp(-u_{it}) \tag{12.5}$$

$$\gamma = \frac{\sigma_u^2}{\sigma_v^2 + \sigma_u^2} \tag{12.6}$$

式（12.5）~式（12.6）中，TE_i 为技术效率，γ 为统计检验是否适用 SFA 方法的待估参数，若 $\gamma = 0$，说明原假设被接受，所有产出都在生产前沿上，无须使用 SFA 方法，直接运用 OLS 方法即可。

在进行随机前沿分析前，需对模型的设定形式进行检验，即检验该方法用于此研究的可行性。在应用 SFA 方法时，一般使用似然比（Likelihood Ratio）方法检验模型设定的合理性。假设随机前沿函数的待估计参数向量为 H，单边似然比统计量为 $LR = -2 \times \ln(L(H_0/L(H_1)))$，其中，$L(H_0)$ 是约束条件下的极大似然函数值，而 $L(H_1)$ 是无约束条件下的极大似然函数值。根据巴提斯等（1992）的研究结论，随机前沿函数的有效性取决于对原假设 H_0：$\gamma = 0$ 的检验结果。如果接收原假设 H_0，那么不存在技术非效率，随机前沿函数无效；如果统计量 LR 大于给定显著性水平的临界值，认为随机前沿分析模型设定有效。

第三节　实证结果分析

一、香港与内地市场的 SFA 股票定价函数及其估值模式演变分析

图 12 - 1 ~ 图 12 - 5 反映了基于公式（12.3）得到的 A 股和 H 股各年度

SFA 函数的 $\beta_1 - \beta_5$ 参数的变化趋势情况。表 12 - 1 为 2002 ~ 2013 年 A 股和 H 股 SFA 定价函数估计的统计检验结果。

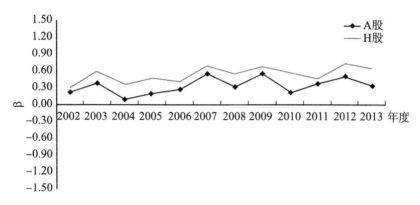

图 12 - 1　每股内在价值变量参数变化趋势

图 12 - 1 显示，A 股和 H 股的内在价值系数 β_1 均为正值，整体变化趋势一致，但 A 股的 β_1 始终明显小于 H 股，且波动幅度更大。说明内在价值在两个市场上都是定价的基础依据，但在 H 股中定价的贡献率更高，香港市场比内地市场更重视价值投资。

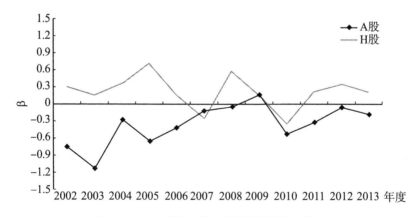

图 12 - 2　主营业务增长率变量参数变化趋势

图 12 - 2 显示，H 股的 β_2 除 2005 年为负值外，均为正值，A 股的 β_2 在正负区间波动，多数年份为负值，且 A 股的 β_2 始终明显小于 H 股，但两者的整体变化趋势一致。说明成长性因素对 H 股定价的贡献率更高，香港市场比内

地市场更重视价值成长投资。也说明 A 股市场对成长性因素估值理念变化较大。

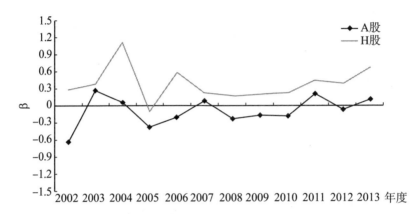

图 12 - 3　流通股本变量参数变化趋势

图 12 - 3 显示，H 股的 β_3 多数年份为正值，而 A 股的 β_3 多数年份为负值，H 股的 β_3 始终大于 A 股。说明流通股本因素在两个市场中基本表现为相反的估值模式，香港市场偏好大盘股，而内地市场偏好小盘股。

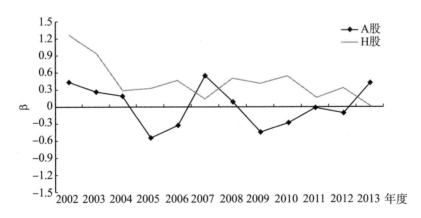

图 12 - 4　现金分红比例变量参数变化趋势

图 12 - 4 显示，H 股的 β_4 始终为正值，而 A 股的 β_4 多数年份为负值，A 股的 β_4 在正负区间波动，H 股的 β_4 在绝大多数年份大于 A 股，但两者间的差距趋窄。

说明现金分红因素在 H 股定价的贡献率更高，香港市场偏好现金分红，A

股市场对现金分红因素的估值理念变化较大。

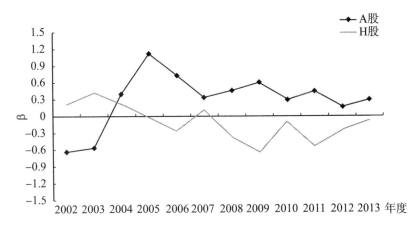

图 12 - 5　β 系数（风险）变量参数变化趋势

图 12 - 5 显示，H 股的 β_5 多数年份为负值，而 A 股的 β_5 多数年份为正值，H 股的 β_3 在绝大多数年份小于 A 股，且多数年份表现为反向趋势，说明风险因素在两个市场中表现为相反的估值模式，内地市场偏好投机性强的股票，香港市场偏好投机性弱的股票。

综上所述，从图 12 - 1 ~ 图 12 - 5 可见，在 2002 ~ 2013 年观察期间，香港和内地市场在估值模式上存在明显差异，前者更加重视价值成长性因素，后者更加重视投机性因素；两个市场间的 SFA 函数参数的差距在缩小，变化趋势趋于一致，说明两个市场的联动性在增强，估值模式在趋同，内地市场正在趋于成熟，内地市场的一系列发展与改革措施（如股权分置改革等）取得了成效。

从表 12 - 1 中可以看出，A 股和 H 股的 β_1 在绝大多数年度均通过 1% 或 5% 的显著性检验。A 股和 H 股的 β_2 在绝大多数年度均通过 1%、5% 或 10% 的显著性检验。A 股的 β_3 在绝大多数年度均通过 1%、5% 或 10% 的显著性检验，但 H 股的 β_3 在绝大多数年度检验不显著，说明流通股本因素对 H 股定价的影响可能不显著。H 股的 β_3 在绝大多数年度通过 1%、5% 或 10% 的显著性检验，但 A 股的 β_3 在绝大多数年度检验不显著，说明现金分红因素对 A 股定价的影响可能不显著。A 股和 H 股的 β_5 在大多数年度未能通过显著性检验，说明风险因素对 A 股和 H 股定价的影响可能不显著。

表 12 - 1　A 股和 H 股 SFA 定价函数系数的统计检验结果（2002～2013 年）

年度	β_0 A股	β_0 H股	β_1 A股	β_1 H股	β_2 A股	β_2 H股	β_3 A股	β_3 H股	β_4 A股	β_4 H股	β_5 A股	β_5 H股
2002	1.67*	2.56**	2.35**	-2.14**	-2.59***	1.88*	-5.82***	-0.38	-1.46	0.36	-1.30	2.24***
2003	1.86*	2.89***	0.71	1.69*	0.35	2.78***	-0.55	-0.11	0.27	0.71	-1.73*	-2.45**
2004	0.05	3.48***	2.00**	0.31	-5.11***	-4.31***	0.52	0.10	2.56**	1.87*	0.12	0.28
2005	0.42	0.79	4.18***	0.24	-4.76***	-0.62	1.86*	0.81	0.37	1.71*	-0.33	0.99
2006	0.21	0.31	2.98***	2.15**	1.79*	-2.84***	12.17***	1.27	0.09	1.98**	0.23	0.46
2007	2.21**	6.68***	2.17**	4.88***	0.24	1.18	3.98***	-0.85	-1.69*	1.94**	2.41**	1.24
2008	0.58	0.12	4.54***	2.38**	-0.10	0.34	2.19**	0.47	-0.34	1.39	0.49	1.77*
2009	0.36	3.52***	7.39***	1.80*	-1.74*	2.09**	-2.89***	-0.21	-0.69	0.39	0.14	1.22
2010	1.76*	20.53***	3.45***	0.36	2.93***	-2.33**	6.03***	1.88*	1.14	5.21***	2.53**	0.20
2011	1.27	2.18**	6.07***	2.49**	-1.83*	-1.88*	9.06***	-1.95*	0.62	1.77*	0.54	1.49
2012	0.84	1.26	3.55***	1.87*	0.52	-1.74*	-2.69**	1.67*	0.65	1.93*	0.22	-0.50
2013	4.40***	0.36	1.99**	1.74*	1.87*	1.69*	-1.90*	-0.21	0.29	3.88***	1.71*	1.92*

Log likelihood (A) -89.27　　Log likelihood (H) -68.63
LR test 13.96　　LR test 10.65

***、**、* 分别表示在 1%、5% 和 10% 的水平下显著；对数似然函数（Log likelihood）值分别是以 A、H 股 2002～2013 年面板数据输出的结果平均值。

二、内地与香港市场的估值效率演变分析

表 12-2 给出了基于模型（12.4）和（12.6）得到的 A 股和 H 股各年度 SFA 技术效率及市场估值效率指数。图 12-6 为 2002~2013 年 A 股和 H 股 SFA 技术效率与 AH 溢价指数演变趋势，图 12-7 为两地市场估值效率指数变化趋势。

图 12-6 显示，AH 溢价指数明显减小，并趋于 1；A 股的 TE 值始终大于 H 股，且两者的变化趋势一致，两者间的差距变化不大；A 股、H 股 SFA 技术效率（TE）与 AH 溢价指数演变趋势没有明确趋势关系。上述现象表明：相对被公认更有效率的香港市场，内地市场过高估值的现象始终存在，TE 值比 AH 溢价指数更合理地反映了两个市场在效率上的差距，但由于技术效率是以股价高低为产出的相对效率，因此，它并不能代表有效市场假说概念下的市场效率。

图 12-7 显示，按照本书提出的市场估值效率指数，H 股的 *MVEI* 始终大于 A 股，A 股的 *MVEI* 处于上升趋势，两者间的差距在缩小，由早期的 15% 左右减小到近四年的 5% 以内。这一指标清晰地反映了香港市场比内地市场更加公平与有效，内地市场正在得到完善和提升，两个市场间的市场效率差距越来越小。

三、小结

本书运用 SFA 理论构建股价与估值因素的生产函数关系，基于 SFA 技术效率提出了基于有效市场假说的市场估值效率指数，从相对估值效率的视角，定量测度市场效率的水平，分析市场估值模式及其演变规律，为市场效率与估值模式的定量研究，以及市场间的比较研究提供了新的视角和方法。基于 A+H 交叉上市公司股票样本的实证研究结果表明本书提出的研究思路和方法是可行的，主要结论如下：

第一，交叉上市"同质"股票的价格差异可能源于投资者视角的内在价值差异以及由市场环境和投资者理念决定的估值模式差异等。

表 12 - 2　　　　　内地和香港 SFA 技术效率及市场估值效率指数（2002~2013 年）

年度	样本数	TE 极大值		TE 极小值		TE 平均值		TE 标准差		MVEI	
		A 股	H 股	A 股	H 股	A 股	H 股	A 股	H 股	A 股	H 股
2002	18	0.991	0.990	0.381	0.266	0.744	0.661	0.209	0.115	0.719	0.826
2003	20	0.981	0.989	0.347	0.241	0.731	0.655	0.245	0.107	0.665	0.836
2004	21	0.993	0.991	0.336	0.366	0.795	0.647	0.288	0.145	0.638	0.776
2005	22	0.999	0.996	0.450	0.374	0.835	0.682	0.215	0.137	0.743	0.799
2006	24	0.982	0.998	0.266	0.196	0.760	0.639	0.178	0.119	0.766	0.813
2007	36	0.990	0.999	0.413	0.337	0.773	0.626	0.226	0.125	0.708	0.801
2008	39	0.996	0.992	0.172	0.208	0.724	0.555	0.189	0.104	0.739	0.813
2009	44	0.993	0.929	0.336	0.205	0.659	0.527	0.213	0.126	0.677	0.761
2010	53	0.997	0.985	0.136	0.214	0.707	0.547	0.164	0.105	0.768	0.807
2011	58	0.999	0.997	0.295	0.230	0.727	0.567	0.177	0.122	0.757	0.785
2012	65	0.996	0.995	0.311	0.203	0.754	0.633	0.162	0.117	0.785	0.816
2013	79	0.997	0.995	0.223	0.204	0.767	0.617	0.159	0.107	0.793	0.826

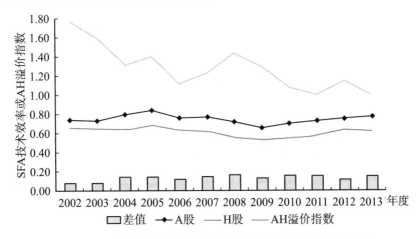

图 12 - 6　内地和香港 SFA 技术效率与 AH 溢价指数演变趋势

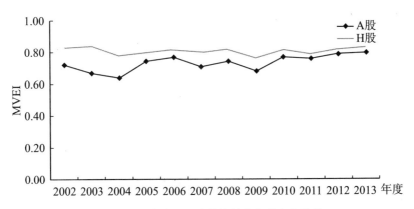

图 12 - 7　内地和香港估值效率指数变化趋势

第二，香港和内地市场在估值模式上存在明显差异，前者更加重视价值成长性因素，后者更加重视投机性因素，但两个市场间的差距在缩小，变化趋势趋于一致，说明两个市场的联动性在增强，估值模式在趋同，内地市场正在趋于成熟，内地市场的一系列发展与改革措施（如股权分置改革等）取得了成效。

第三，A 股和 H 股的 SFA 技术效率（TE）比 AH 溢价指数更合理地反映了两个市场在效率上的差距，但 TE 并不能代表有效市场假说概念下的市场效率。

第四，香港市场的市场估值效率指数 MVEI 始终大于内地市场，但两者间的差距在缩小，由早期的 15% 左右减小到近四年的 5% 以内。这一指标清晰地反映香港市场比内地市场更加公平、更有效率，但两个市场间的效率差距越来越小。

第十三章

基于 DEA 的市场间相对
估值效率测度

第一节 引 言

托宾 (1987) 认为基本估值效率 (Fundamental Valuation Efficiency) 是关于资产价格反映其真实经济价值的程度, 估值过度或不足均属于估值无效, 股票价格可以是在信息套利有效的同时基本估值无效。长期以来, 关于信息套利效率的研究始终是市场效率研究的重点和热点。道 (1997) 认为市场的信息套利效率与经济效率之间没有实质性的关联, 将信息套利效率等同于市场效率是不准确的。亚历山德罗斯 (2007) 认为法马 (1970) 关于市场效率的定义及其统计检验方法给读者造成了将收益可预测性统计检验结果直接等同于市场效率的误导。可见, 现行市场效率研究存在两个突出问题, 一是测度方法的科学性有明显缺陷, 二是将信息套利效率错误等同于市场效率。事实上, 笔者认为, 在价值投资理念日渐风行以及股票市场国际化的背景下, 关于市场估值有效性的研究, 对于公司选择上市地和确定发行价格, 对投资者选择投资市场和股票, 对市场监管者改进运行规制与提升市场效率具有更加重要的作用。

一般认为, 测度市场估值水平和效率的经典指标是平均市盈率指标。格雷厄姆等 (Graham et al. , 1934) 指出, 市盈率标准与成长性有关, 成熟股票的市盈率应在 15 倍左右, 高成长股票可在 25~40 倍。达莫达兰 (Damodaran, 2001) 认为合理市盈率水平除与上市公司基本面有关外, 还与利率、GDP 增长率和国家或地区风险等因素有关。由于市盈率指标在股票投资价值测度上的局限性 (仅仅是股价与当期每股收益的比值) 以及标准难以确定 (受公司基本面以外因素的影响), 导致在实际应用中, 既无法解释不同市场之间长期存在的市盈率巨大差异（如同为成熟市场的纽约和东京市场的平均市盈率存在巨大差异）；也无法解释同一市场不同时期的市盈率巨大差异（如纽约市场的标准普尔 500 的市盈率在过去 90 年中的波动幅度高达 8 倍）；还无法解释交叉上市的同质股票在不同市场上的市盈率差异。为此，坎贝尔等（1997）认为传统的效率检验方法最大的缺点就是将研究重心集中到一个市场是绝对有效还是无效上。市场的流动性意味着存在盈利机会，市场绝对有效是不可能出现的理想情形，在此基础上，他们给出了比传统绝对有效性概念更为有用的相对有效性概念，即一个市场相对于另一个市场的效率。基于相对效率的思想，一些学者从多个视角对市场效率和估值效率测度进行了探索。李（2002）利用国家宏观经济和金融特征指标构建了一个随机生产前沿估值模型，并将距离前沿的偏差作为市场估值无效的测度。卡茹埃鲁和塔巴克（Cajueiro and Tabak，2004）提出了运用滚动样本方法计算 Hurst 指数，比较所选择市场在样本期间内偏离有效市场状态的总时间周期来评估市场相对效率的研究框架。马（MA，2004）提出了利用日收益序列的相关系数计算相对效率的方法，即通过比较滞后一期的零序列相关系数与其他研究中获得拒绝的百分比评估市场的相对效率。易荣华等（2004、2010、2012）提出了基于 DEA 的市场相对效率测度方法。林（2006、2007）提出了利用本期收益率与前期收益率之间的自相关系数评估股票市场相对效率的统计工具，即利用一个双相关检验统计量（H 统计量）测试非零双相关的存在。埃文斯（2006）提出了用方差比的绝对偏差评估相对信息效率的方法。钱等（2007）基于随机前沿方法提出了通过相对比较测度上市公司估值效率的模型（高估值效率意味着公司相比所有上市企业更能够实现前沿定价）。吉利奥（2008）利用算法复杂性理论（Algorithmic Complexity Theory），通过计算 Lempel – Ziv 复杂性指标，基于未被有效使用转化为证券价格的相对信息数量进行效率评级。伊藤等（2009）采用时变 AR 模型计算卡尔曼滤波的 AR 系数估计随时间变化的股票收益自相关数，并将其作为市场无效程度的测度。阿雷茨等（2010）通过一组宏观经济因素（经济增长的预期、通货膨胀率、总存活率、利率期限结构、汇率）与股价波动的多变量分析研究了宏观经济因素的定价与市场估值有效性。

　　基于以上文献分析，本书将基于交叉上市的"同质股票不同定价"的现实命题，按照相对效率评价的思想，将股票市场视为特殊的输入输出转换系统，通过构建股票价格与各估值要素之间的非参数型生产函数（DEA），定量比较研究不同市场的相对估值水平和相对估值效率。

第二节　理论模型与研究方法

一、建模思想

股票市场的核心功能是定价，定价基准是股票的内在价值。但公司基本面以外的其他变量对股票估值具有重要影响，并得到了定价（Harvey，1995；Allen，2004；Aretz et al.，2010），此外，股票价格也是市场中股票之间相互影响和相对比较定价的结果。因此，有必要从综合估值要素和相对定价的视角研究股票定价问题，即探索构建包含多种变量的估值模型。然而，市场定价机制的复杂性和时变性告诉我们准确计量证券价格是不可能的，但从投资角度看，评估估值相对合理性更有实际意义，而且也是可行的。

由查尼斯等（1978）提出的 DEA 模型是一种非参数化的用来评价多个具有相同的多输入和多输出的决策单元间的相对效率的有效方法。自莫提等（Murthi et al.，1998）首次将 DEA 模型应用于基金组合绩效评价以来，鲍尔斯等（Powers et al.，2000）提出了运用 DEA 模型选择大市值股票的有效方法。阿巴德等（Abad et al.，2004）提出了利用财务信息评估股票基础价值的两阶段 DEA 模型。埃德里辛赫等（Edirisinghe et al.，2007）提出了基于动态财务数据分析的两阶段综合 DEA 模型和基于 DEA 效率的投资组合选择依据。迪亚（Dia et al.，2009）提出了将股票的价值要素、风险、决策者偏好作为输入变量的金融资产组合选择的四阶段 DEA 模型。研究结果表明，不必事先给出生产函数关系，将多种估值要素、风险要素作为输入变量的 DEA 模型，符合具有复杂时变性特征的市场估值函数关系，并且可以很好地将股票的绝对价值和相对价值有机统一起来考虑。

二、基于交叉上市样本的市场相对估值效率评估模型

股票市场可以视为一个有着复杂生产函数关系的输入输出系统，其输出变量是股票价格，输入变量是公司基本面、宏观经济因素、市场因素、投资者理念与偏好等多种估值因素，在这种情况下，股票价格是其绝对价值（内在价值）和相对价值的综合货币表现。

设 $N(k=1, 2, \cdots, N)$ 只股票同时在 $L(s=1, 2, \cdots, L)$ 个市场上市，共有 $N \times L$ 个 DMU，股票价格为产出，用 y_{sk} 表示；各估值要素为投入，设有 $M(i=1, 2, \cdots, M)$ 个估值要素，用 x_{ski} 表示。那么，市场 s 的股票 $k(DMU_k)$ 的产出导向型相对估值 DEA 效率如（13.1）式所示：

$$\max \theta_{sk} = \frac{y_{sk}}{\sum_{i=1}^{M} v_{si} x_{ski}}$$

$$s.t. \begin{cases} \dfrac{y_{sk}}{\sum_{i=1}^{M} v_{si} x_{ski}} \leqslant 1, \ k = 1, \cdots, N; \ i = 1, \cdots, M \\ v_{si} \geqslant \varepsilon \end{cases} \quad (13.1)$$

式中，θ_{sk} 为市场 s 中股票 k 的相对估值 DEA 效率，ε 为非阿基米德无穷小量。

利用 Charnes – Cooper 变换和线性规划的对偶理论，引入松弛变量 s^- 和 s^+，可以得到如（13.2）式所示的带有非阿基米德无穷小量 ε 的对偶规划模型：

$$\text{Min } \theta_{sk} - \varepsilon \left(\sum_{i=1}^{M} S_i^- + S^+ \right)$$

$$s.t. \begin{cases} \sum_{j=1, j \neq k}^{N} x_{sji} \lambda_{sj} + S_i^- = \theta_{sk} x_{ski} \\ \sum_{j=1, j \neq k}^{N} y_{sj} \lambda_{sj} - S^+ = y_{sk} \\ \lambda_{sj} \geqslant 0; \ S_i^- \geqslant 0; \ S^+ \geqslant 0 \\ i = 1, 2, \cdots, M; \ s = c, h \end{cases} \quad (13.2)$$

按照法马（1970）关于有效市场假说的定义，在一个理想的有效市场中，股票价格充分反映了所有信息，每一只股票都将得到合理定价（定价过高或过低均为无效），市场没有估值歧视。在这种情况下，基于模型（13.1）或（13.2）的所有股票（DMU）均处于有效前沿，其相对估值 DEA 效率 θ_{sk} 均等于 1。相反，当市场估值无效时，必定存在部分股票的 θ_{sk} 小于 1。基于模型（13.2）的结果，可以定量比较同一股票在不同市场的估值水平差异、未被有效定价的因素及其程度。进一步地，通过对所有样本的相对估值 DEA 效率的考察，可以测度市场间的相对估值水平和相对估值效率差异。由此，本书定义两个估值有效性指数：

一是反映市场估值系统性水平的相对估值水平指数（Market Valuation Level Index，MVLI）；二是反映市场估值一致程度的相对估值效率指数（Market Valuation Efficiency Index，MVEI），分别如（13.3）、（13.4）式所示。

$$MVLI_s = M_s; \quad s = c, \ h \tag{13.3}$$

$$MVEI_s = 1 - Q_s; \quad s = c, \ h \tag{13.4}$$

式中 M_s 为市场 s 中所有股票的相对估值 DEA 效率中值，反映该市场的相对估值水平；Q_s 为市场 s 中所有股票的相对估值 DEA 效率的四分位差，反映 DEA 效率的离散程度。值得指出的是，此处未采用均值和标准差的原因在于实证分析表明 DEA 效率值为偏态分布（与样本量较小也有关），按照统计学原理，在这种情况下采用中值和四分位差比较合适。

显然，基于有效市场假说，若市场 s 有效，必有 $MVLI_s = MVEI_s \equiv 1$。反之，若市场无效，必有 θ_{sk} 不全为 1，$MVLI_s < 1$，$Q_s \neq 0$，$MVEI_s < 1$。一般而言，$MVLI_s$ 和 $MVLI_s$ 越接近于 1，市场相对估值越有效。

利用上述模型，既可以将所有交叉上市样本纳入统一的数据包络进行优化评估，考察市场间的相对估值水平和效率差异，也可以按照市场单独进行优化评估，考察市场自身的相对估值水平和效率情况。

第三节　基于 A + H 交叉上市股票的内地与香港市场相对估值效率测度

一、模型变量选取及计算方法

根据上节讨论及股票定价理论，在众多的估值要素中，本书选取股票价格为模型（2）的输出变量，五个输入变量分别为每股内在价值、主营业务加权平均增长率、现金分红比例、流通股规模系数和股票风险，具体定义和计算方法如下：

1. 每股内在价值

刘熀松（2005）认为 F－O 模型中假定投资者能对公司未来做无限期预测是不切实际的，投资者只能在现有信息集下对公司未来有限的 N 年内的情况进行预测。因此，本书选用以下修正模型计算每股内在价值：

$$P_{jt}(FV) = BV_{jt} + \sum_{i=1}^{N} \frac{ROE - \rho}{(1 + \rho)^i} \times (1 + ROE - \alpha \times ROE - \rho)^{i-1} \times BV_{jt}$$

$$\tag{13.5}$$

式中，ROE、ρ 和 α 分别为公司的平均净资产收益率、平均无风险利率和平均分红比例。ROE 和 α 为年报数据；ρ 选用每年 5 月第一周的 5 年期国债交易收盘利率作为无风险利率。计算上述三个指标时，分别对第 t 年、第（$t-1$）年和第（$t-2$）年赋 0.6、0.3 和 0.1 的权重计算其平均值（若第 t 年为数据上市初始年，则第 t 年数据即为其均值；若第（$t-1$）年为数据初始年，则分别对第 t 年和第（$t-1$）年赋 0.7、0.3 的权重计算其均值）。取 $N=10$。

2. 主营业务加权平均增长率

主营业务增长比利润增长更具稳定性，且主营业务增长情况能在更好的程度上反映公司的成长性。同时，为了更客观地反映其成长性趋势，采用近 3 年指标加权计算，加权处理方式及权值与每股内在价值的处理方式相同。为避免输入变量出现负值的情形，对计算出的主营业务加权平均增长率数值加"1"（按照 DEA 理论，输入变量应为正值，非负化处理不影响评价结果）。

3. 每股现金分红比例

理论和实践表明，现金分红比例是影响投资者对股票进行估值的重要指标之一，尤其是对成熟市场的投资者而言。因此，本书将年度每股现金分红比例作为输入变量。

4. 流通股规模系数

班斯（Banz，1981）以及众多文献都表明股票存在规模效应和流动性溢价，同时，流通股规模系数的大小也反映了未来股本扩张的能力。由于流通盘越小股票溢价越高，因此，本书按照特定股票流通规模与市场流通总规模的比值定义流通规模系数：

$$某股票 A 股流通股规模系数 = \frac{内地市场中同类 A 股流通总市值}{公司个股 A 股流通股市值} \tag{13.6}$$

$$某股票 H 股流通股规模系数 = \frac{香港市场中同类 H 股流通总市值}{公司个股 H 股流通股市值} \tag{13.7}$$

5. 股票风险

风险是股票定价的依据之一，股票总风险 = 系统性风险 + 非系统性风险。本书采用以下回归模型估计个股的风险：

$$r_i = \alpha_i + \beta_i r_I + \varepsilon_i \tag{13.8}$$

$$\sigma_i^2 = V(r_i = \alpha_i + \beta_i r_I + \varepsilon_i) = \beta_i^2 \sigma_I^2 + \sigma_{\varepsilon i}^2 \tag{13.9}$$

式（13.8）中，r_i 为股票 i 的收益率，利用股票周收盘价数据进行计算，第 t 期的收益率为 $r_t = \frac{p_t - p_{t-1}}{p_{t-1}}$，$p_t$ 为股票第 t 期的收盘价；r_I 为同期市场指数收益率，内地和香港市场分别选用上证综合指数和香港恒生指数的周收盘数据进行计算；α_i 为截距项；β_i 为斜率；ε_i 为股票 i 的随机误差项。式（9）中，σ_i 为股票 i 的总风险；σ_I^2 为市场指数方差；$\beta_i^2 \sigma_I^2$ 为股票 i 的系统风险；$\sigma_{\varepsilon i}^2$ 为

ε_i 的方差，即为股票 i 的非系统风险。

二、样本选择与数据来源

为使两地市场的分析结果具有可比性，本书选取同一年均在两个市场上市的股票作为样本（见表 13 - 1）。鉴于 2002 年以前的 A + H 交叉上市公司较少，本书仅选用 2002 ~ 2013 年在内地和香港股票市场交叉上市股票为样本，各年的样本数逐年增加。

鉴于内地市场年报公布的截止时间为次年的 4 月 30 日，只有此后才能获得计算所需的全部输入变量数据，而且，考虑到年报信息被市场消化需要一定时间，因此，本书采用每年 5 月第一交易周收盘日作为评价时点。本书的样本数据来自同花顺数据库。

表 13 - 1　　　　　　　　　　　　A + H 上市股票列表

编号	股票简称	英文名称	A 股代码	A 股上市时间	H 股代码	H 股上市时间
1	中集集团	CIMC	000039	1994 - 03 - 23	02039	2012 - 12 - 19
2	中兴通讯	ZTE	000063	1997 - 11 - 18	00763	2004 - 12 - 09
3	中联重科	ZOOMLION	000157	2000 - 10 - 12	01157	2010 - 12 - 23
4	潍柴动力	WEICHAI POWER	000338	2007 - 04 - 30	02338	2004 - 03 - 11
5	晨鸣纸业	CHENMING PAPER	000488	1997 - 05 - 26	01812	2008 - 06 - 18
6	东北电气	NE ELECTRIC	000585	1995 - 12 - 13	00042	1995 - 07 - 06
7	经纬纺机	JINGWEI TEXTILE	000666	1996 - 12 - 10	00350	1996 - 02 - 02
8	新华制药	SHANDONG XINHUA	000756	1997 - 08 - 06	00719	1996 - 12 - 31
9	鞍钢股份	ANGANG STEEL	000898	1997 - 12 - 25	00347	1997 - 07 - 24
10	海信科龙	HISENSE KELON	000921	1999 - 07 - 13	00921	1996 - 07 - 23
11	金风科技	GOLDWIND	002202	2007 - 12 - 26	02208	2010 - 10 - 08
12	山东墨龙	SHANDONG MOLONG	002490	2010 - 10 - 21	00568	2007 - 02 - 07
13	比亚迪	BYD COMPANY	002594	2011 - 06 - 30	01211	2002 - 07 - 31
14	东江环保	DONGJIANG ENV	002672	2012 - 04 - 26	00895	2010 - 09 - 28
15	浙江世宝	ZHEJIANG SHIBAO	002703	2012 - 11 - 02	01057	2011 - 03 - 09
16	华能国际	HUANENG POWER	600011	2001 - 12 - 06	00902	1998 - 01 - 21
17	皖通高速	ANHUIEXPRESSWAY	600012	2003 - 01 - 07	00995	1996 - 11 - 13

编号	股票简称	英文名称	A 股代码	A 股上市时间	H 股代码	H 股上市时间
18	民生银行	MINSHENG BANK	600016	2000 - 12 - 19	01988	2009 - 11 - 26
19	中海发展	CHINA SHIP DEV	600026	2002 - 05 - 23	01138	1994 - 11 - 11
20	华电国际	HUADIAN POWER	600027	2005 - 02 - 03	01071	1999 - 06 - 30
21	中国石化	SINOPEC CORP	600028	2001 - 08 - 08	00386	2000 - 10 - 19
22	南方航空	CHINA SOUTH AIR	600029	2003 - 07 - 25	01055	1997 - 07 - 31
23	中信证券	CITIC SEC	600030	2003 - 01 - 06	06030	2011 - 10 - 06
24	招商银行	CM BANK	600036	2002 - 04 - 09	03968	2006 - 09 - 22
25	东方航空	CHINA EAST AIR	600115	1997 - 11 - 05	00670	1997 - 02 - 05
26	兖州煤业	YANZHOU COAL	600188	1998 - 07 - 01	01171	1998 - 04 - 01
27	复星医药	FOSUN PHARMA	600196	1998 - 08 - 07	02196	2012 - 10 - 30
28	白云山	BAIYUNSHAN PH	600332	2001 - 02 - 06	00874	1997 - 10 - 30
29	江西铜业	JIANGXI COPPER	600362	2002 - 01 - 11	00358	1997 - 06 - 12
30	宁沪高速	JIANGSU EXPRESS	600377	2001 - 01 - 16	00177	1997 - 06 - 27
31	深高速	SHENZHENEXPRESS	600548	2001 - 12 - 25	00548	1997 - 03 - 12
32	海螺水泥	ANHUI CONCH	600585	2002 - 02 - 07	00914	1997 - 10 - 21
33	青岛啤酒	TSINGTAO BREW	600600	1993 - 08 - 27	00168	1993 - 07 - 15
34	广船国际	GUANGZHOU SHIP	600685	1993 - 10 - 28	00317	1993 - 08 - 06
35	上海石化	SHANGHAI PECHEM	600688	1993 - 11 - 08	00338	1993 - 07 - 26
36	南京熊猫	NANJING PANDA	600775	1996 - 11 - 18	00553	1996 - 05 - 02
37	昆明机床	KUNMING MACHINE	600806	1994 - 01 - 03	00300	1993 - 12 - 07
38	马钢股份	MAANSHAN IRON	600808	1994 - 01 - 06	00323	1993 - 11 - 03
39	海通证券	HAITONG SEC	600837	1994 - 02 - 24	06837	2012 - 04 - 27
40	京城股份	BEIREN PRINTING	600860	1994 - 05 - 06	00187	1993 - 08 - 06
41	仪征化纤	YIZHENG CHEM	600871	1995 - 04 - 11	01033	1994 - 03 - 29
42	创业环保	TIANJIN CAPITAL	600874	1995 - 06 - 30	01065	1994 - 05 - 17
43	东方电气	DONGFANG ELEC	600875	1995 - 10 - 10	01072	1994 - 06 - 06
44	洛阳玻璃	LUOYANG GLASS	600876	1995 - 10 - 31	01108	1994 - 07 - 08
45	重庆钢铁	CHONGQING IRON	601005	2007 - 02 - 28	01053	1997 - 10 - 17
46	一拖股份	FIRST TRACTOR	601038	2012 - 08 - 08	00038	1997 - 06 - 23
47	中国神华	CHINA SHENHUA	601088	2007 - 10 - 09	01088	2005 - 06 - 15

编号	股票简称	英文名称	A 股代码	A 股上市时间	H 股代码	H 股上市时间
48	四川成渝	SICHUAN EXPRESS	601107	2009 – 07 – 27	00107	1997 – 10 – 07
49	中国国航	AIR CHINA	601111	2006 – 08 – 18	00753	2004 – 12 – 15
50	中国铁建	CHINA RAIL CONS	601186	2008 – 03 – 10	01186	2008 – 03 – 13
51	广汽集团	GAC GROUP	601238	2012 – 03 – 29	02238	2010 – 08 – 30
52	农业银行	ABC	601288	2010 – 07 – 15	01288	2010 – 07 – 16
53	中国平安	PING AN	601318	2007 – 03 – 01	02318	2004 – 06 – 24
54	交通银行	BANKCOMM	601328	2007 – 05 – 15	03328	2005 – 06 – 23
55	广深铁路	GUANGSHEN RAIL	601333	2006 – 12 – 22	00525	1996 – 05 – 14
56	新华保险	NCI	601336	2011 – 12 – 16	01336	2011 – 12 – 15
57	中国中铁	CHINA RAILWAY	601390	2007 – 12 – 03	00390	2007 – 012 – 7
58	工商银行	ICBC	601398	2006 – 10 – 27	01398	2006 – 10 – 27
59	北辰实业	BEIJING N STAR	601588	2006 – 10 – 16	00588	1997 – 05 – 14
60	中国铝业	CHALCO	601600	2007 – 04 – 30	02600	2001 – 12 – 12
61	中国太保	CPIC	601601	2007 – 12 – 25	02601	2009 – 12 – 23
62	上海医药	SH PHARMA	601607	1994 – 03 – 24	02607	2011 – 05 – 20
63	中国中冶	MCC	601618	2009 – 09 – 21	01618	2009 – 09 – 24
64	中国人寿	CHINA LIFE	601628	2007 – 01 – 09	02628	2003 – 12 – 18
65	长城汽车	GREATWALL MOTOR	601633	2011 – 09 – 28	02333	2003 – 12 – 15
66	郑煤机	ZMJ	601717	2010 – 08 – 03	00564	2012 – 12 – 05
67	上海电气	SH ELECTRIC	601727	2008 – 12 – 05	02727	2005 – 04 – 28
68	中国南车	CSR	601766	2008 – 08 – 18	01766	2008 – 08 – 21
69	中国交建	CHINA COMM CONS	601800	2012 – 03 – 09	01800	2006 – 12 – 15
70	中海油服	CHINA OILFIELD	601808	2007 – 09 – 28	02883	2002 – 11 – 20
71	中国石油	PETROCHINA	601857	2007 – 11 – 05	00857	2000 – 04 – 7
72	中海集运	CSCL	601866	2007 – 12 – 12	02866	2004 – 06 – 16
73	大连港	DALIAN PORT	601880	2010 – 12 – 06	02880	2006 – 04 – 28
74	中煤能源	CHINA COAL	601898	2008 – 02 – 01	01898	2006 – 12 – 19
75	紫金矿业	ZIJIN MINING	601899	2008 – 04 – 25	02899	2003 – 12 – 23
76	中国远洋	CHINA COSCO	601919	2007 – 06 – 26	01919	2005 – 06 – 30
77	建设银行	CCB	601939	2007 – 09 – 25	00939	2005 – 10 – 27

编号	股票简称	英文名称	A 股代码	A 股上市时间	H 股代码	H 股上市时间
78	中国银行	BANK OF CHINA	601988	2006 - 07 - 05	03988	2006 - 06 - 1
79	大唐发电	DATANG POWER	601991	2006 - 12 - 20	00991	1997 - 03 - 21
80	金隅股份	BBMG	601992	2011 - 03 - 01	02009	2009 - 07 - 29
81	中信银行	CITIC BANK	601998	2007 - 04 - 27	00998	2007 - 04 - 27
82	洛阳钼业	CMOC	603993	2012 - 10 - 9	03993	2007 - 04 - 26

三、相对估值 DEA 效率的计算过程及结果

运用 DEAP2.1 软件，将两市场所有 A + H 股样本截面数据纳入模型 (13.2)，构造一个统一的数据包络，分年度优化计算每只股票的相对估值 DEA 效率，限于篇幅，具体过程及结果此略。

四、基于 DEA 效率的相对估值水平指数和相对估值效率指数分析

基于相对估值的个股 DEA 效率的计算结果，按照模型 (13.3) 和模型 (13.4) 分别计算得到各年度内地和香港市场各自的相对估值水平指数 (MVLI) 和相对估值效率指数 (MVEI)，如表 13 - 2 所示。MVLI 的比较如图 13 - 1 所示。

表 13 - 2   基于 DEA 效率的两市场相对估值水平指数 MVLI 和
相对估值效率指数 MVEI (2002 ~ 2013 年)

年度	样本量	内地市场 (c)			香港市场 (h)			同期两市场之比 (内地/香港)		
		$MVLI_c$	$MVEI_c$	Q_c	$MVLI_h$	$MVEI_h$	Q_h	$MVLI_c/MVLI_h$	$MVEI_c/MVEI_h$	Q_c/Q_h
2002	26	0.8285	0.6360	0.3640	0.1465	0.9155	0.0845	5.6553	0.6947	4.3077
2003	27	0.7800	0.5640	0.4360	0.2540	0.7630	0.2370	3.0709	0.7392	1.8397
2004	28	0.9750	0.5705	0.4295	0.4005	0.6430	0.3570	2.4345	0.8872	1.2031
2005	29	0.6860	0.4255	0.5745	0.3950	0.6840	0.3160	1.7367	0.6221	1.8180
2006	32	0.7580	0.5693	0.4307	0.3020	0.7560	0.2440	2.5099	0.7530	1.7652
2007	44	0.5370	0.5650	0.4350	0.3195	0.6620	0.3380	1.6808	0.8535	1.2870

续表

年度	样本量	内地市场（c）			香港市场（h）			同期两市场之比（内地/香港）		
		MVLI$_c$	MVEI$_c$	Q$_c$	MVLI$_h$	MVEI$_h$	Q$_h$	MVLI$_c$/MVLI$_h$	MVEI$_c$/MVEI$_h$	Q$_c$/Q$_h$
2008	53	0.4070	0.5965	0.4035	0.2070	0.8550	0.1450	1.9662	0.6977	2.7828
2009	55	0.4390	0.6370	0.3630	0.3150	0.8010	0.1990	1.3937	0.7953	1.8241
2010	59	0.5120	0.6380	0.3620	0.3610	0.7890	0.2110	1.4183	0.8086	1.7156
2011	70	0.4375	0.6497	0.3503	0.2865	0.7710	0.2290	1.5271	0.8427	1.5297
2012	75	0.3350	0.6240	0.3760	0.2480	0.7380	0.2620	1.3508	0.8455	1.4351
2013	82	0.3065	0.5402	0.4598	0.2770	0.6275	0.3725	1.1065	0.8609	1.2344

注：表中 Q_s 为市场 $s(s=c, h)$ 的相对估值 DEA 效率的四分位差。

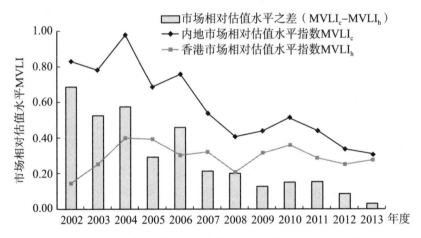

图 13 - 1 内地和香港市场相对估值水平指数 MVLI 的比较

从图 13 - 2 可以看出，2004～2006 年的流通股改革带来了内地相对估值效率的波动，2008 年危机期间内地市场估值效率与香港之间的差距加大，也说明内地市场的不成熟。相对估值水平的下降说明股票之间的估值差距加大，位于包络前沿面的少数股票与大多数非有效股票之间的差距越来越大，"强者恒强"，至 2013 年，两市相对估值水平差距在 10% 左右；两市相对估值效率差距在 15% 左右。

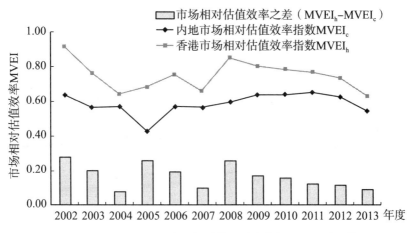

图 13-2　内地和香港市场相对估值效率指数 MVEI 的比较

表 13-3 中列出了内地和香港市场相对估值 DEA 效率位于有效前沿面上的股票数量及各年两市场中同时处于前沿面上的股票。从 2002 年开始，内地市场位于前沿面上的股票数量明显比香港市场多，但二者的差距逐年缩小，尤其是 2010~2013 年，香港市场位于前沿面上的股票数量增加到与内地市场基本持平的程度。这种现象也从一个侧面反映出两市场间的差距逐渐缩小。另外，香港市场位于有效前沿面上的股票其对应的内地股大多也处于有效前沿面，即使不在，其内地股的相对估值 DEA 效率值也接近于 1。

表 13-3　　　　　内地和香港市场相对估值 DEA 效率在有效前沿
面上的股票数量（2002~2013 年）

	内地市场	香港市场	两市场中同时处于前沿面的股票		
2002	6	0			
2003	7	0			
2004	13	3	中国石化	兖州煤业	青岛啤酒
2005	7	2	中兴通讯		
2006	9	0			
2007	8	2	海螺水泥		
2008	3	2	中国平安		
2009	9	2	中国平安		
2010	6	1			
2011	8	4	潍柴动力	比亚迪	中国平安
2012	6	6	比亚迪	中国远洋	
2013	8	7	海信科龙	比亚迪	洛阳玻璃

图 13 -1 和图 13 -2 分别是内地与香港市场相对估值水平指数 MVLI 和相对估值效率指数 MVEI 的比较。与一般 DEA 投入产出模型中，投入相同的情况下产出值越高代表市场效率越高不同，在股票市场上，股票价格作为产出指标并非越高越好，过高定价表明市场中存在过多泡沫。一方面，在将内地和香港市场作为整体进行相对比较分析时，内地市场相对估值水平指数 $MVLI_c$ 明显始终高于香港市场 $MVEI_h$ （如图 13 -1），表明在股票定价方面，内地市场定价普遍远高于香港市场，但从图中可以看出前者有下降趋势，即内地市场股价有下降趋势，二者差距逐渐缩小；另一方面，香港市场相对估值效率指数 $MVEI_h$ 始终高于内地市场 $MVEI_c$ （如图 13 -2），表明香港市场虽定价水平低于内地市场，但个股均得到较合理定价，股票相对估值 DEA 效率波动性小（四分位差 Q_h 小于 Q_c），较内地市场来说相对估值更加有效。同时，从两图对比中可以发现，市场相对估值水平指数与市场相对估值效率指数之间并无明显数值上的相关性，前者数值很小时后者数值可以很大，反之亦然。以 2008 年金融危机发生时为例，从图 13 -1 中可以看出，香港市场相对估值水平指数下降到 2003 年以来最低水平 0.2070，但市场相对估值效率指数却达到近年最高值 0.8550，表明虽然市场上股票价格均出现大幅下降，但由于个股变化趋势一致，相对估值 DEA 效率值波动小，市场相对估值效率很高。

此外，由表 13 -2 中同期两市场之比的各项指标可明显看出两市场间的差距。$MVLI_c/MVLI_h$、Q_c/Q_h 指标值均逐年下降，趋近于 1；$MVEI_c/MVEI_h$ 指标数值均小于 1，且逐年升高，趋近于 1。特别是 $MVEI_c/MVEI_h$ 指标将市场间的相对估值效率比较进行了量化。

第四节　基于市盈率的相对估值水平和相对估值效率分析

一、计 算 方 法

与基于 DEA 效率的相对估值水平指数和相对估值效率指数计算方法类似，在基于市盈率指标评价的前提下，本书以同期个股市盈率中值作为市场相对估值水平的测度，以个股市盈率四分位差作为市场相对估值无效性的测度。

二、结果分析

基于相同的样本，按照上述方法的计算结果如表 13 - 4 所示。

表 13 - 4　　　　基于市盈率指标的两市场相对估值水平和
相对估值无效性比较（2002 ~ 2013 年）

年度	内地市场（c）		香港市场（h）		同期两市场之比（内地/香港）	
	$MVLI_c$	Q_c	$MVLI_h$	Q_h	$MVLI_c/MVLI_h$	Q_c/Q_h
2002	50.11	48.40	11.22	7.62	4.4683	6.3517
2003	33.33	34.01	13.81	10.11	2.4145	3.3640
2004	17.11	29.27	10.54	8.56	1.6233	3.4194
2005	21.98	31.79	13.82	13.94	1.5912	2.2805
2006	40.85	57.80	20.99	24.66	1.9459	2.3439
2007	28.07	24.21	18.81	12.89	1.4921	1.8782
2008	20.82	28.99	11.45	18.54	1.8183	1.5636
2009	21.76	23.74	15.61	13.06	1.3942	1.8178
2010	19.51	18.74	15.01	12.08	1.3002	1.5513
2011	14.34	20.39	10.85	8.08	1.3218	2.5235
2012	13.51	23.85	12.07	15.73	1.1189	1.5162
2013	12.14	18.28	11.91	14.18	1.0188	1.2891

注：表中 $MVLI_s$ 与 Q_s 分别为基于市场样本的市盈率中值和市盈率四分位差。

由表 13 - 4 中数据可以看出，基于市盈率指标的情况下，内地市场相对估值水平 $MVLI_c$ 大于香港市场 $MVLI_h$；同时，内地市场估值无效性（即市盈率波动水平）Q_c 大于香港市场 Q_h。前者表明内地股票市场定价水平高于香港市场；后者则表明内地市场估值效率低于香港市场。这与上文利用相对估值 DEA 效率得出的结论大体相似。

第五节　两种估值方法的结果比较

为便于比较基于 DEA 效率与基于市盈率指标这两种评价市场估值有效性

的方法，选取同期两市场估值水平之比（$MVLI_c/MVLI_h$）和同期两市场四分位差之比（Q_c/Q_h）分别衡量内地与香港市场在估值水平、估值无效性方面的差距。具体数据详见表 13-2、表 13-3，相关变化曲线如图 13-3、图 13-4 所示。

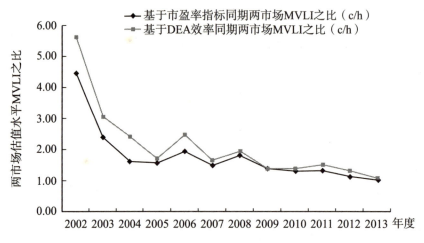

图 13-3　基于两方法的市场估值水平 MVLI 比较

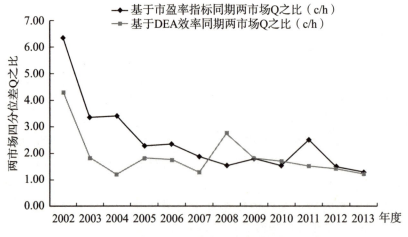

图 13-4　基于两方法的市场估值无效性 Q 比较

图 13-3 和图 13-4 分别反映基于 DEA 效率与基于市盈率指标两种方法在评价市场估值水平上、市场估值效率上的差距。由图 13-3 可以看出：首先，两曲线数值全部大于 1，表明无论基于 DEA 效率还是基于市盈率指标，都

得出内地市场股票定价高于香港市场的结论；其次，基于 DEA 效率的曲线一直处于基于市盈率指标的曲线之上，表明以 DEA 效率为基础的相对估值水平比以市盈率为基础的两市估值水平差异更大，另外，说明盈利以外的其他要素得到了定价，市盈率指标不能准确反映两市间的估值水平差距。

由于市盈率指标比较两市场的绝对效率，而相对估值 DEA 效率将两市场上的股票作为整体进行考虑，比较其相对效率，因此，基于 DEA 效率的结果更具有可比性、更合理。

由图 13 - 4 可以看出：首先，两曲线数值全部大于 1，表明无论基于 DEA 效率还是基于市盈率指标，内地市场的估值无效性均大于香港市场；其次，除 2008 ~ 2010 年外，基于 DEA 效率的曲线一直处于基于市盈率指标的曲线之上，表明以 DEA 效率为基础的相对估值效率比以市盈率为基础的两市估值效率差异在大多数情况下更小。在 2008 年时，基于 DEA 效率的同期两市场 Q 之比突然增大至超过基于市盈率的同期两市场 Q 之比曲线，并在之后两年中逐渐回归到小于后者，反映出在 2008 年世界性金融危机的大背景下，基于 DEA 效率测得的内地市场相对估值效率的波动 Q_c（相对估值无效性）远大于香港市场 Q_h，是香港市场的 2.78 倍，采用市盈率方法测得的仅为 1.56 倍。这也从一个侧面反映出基于 DEA 效率的结果能更准确、更及时地反映市场的实际变化情况。

综上所述，通过比较以上两种评价市场估值有效性的方法，可得出以下两点结论：第一，以 DEA 效率为基础的相对估值水平比以市盈率为基础的两市估值水平差异更大；第二，以 DEA 效率为基础的相对估值效率比以市盈率为基础的两市估值效率差异在大多数情况下更小。进一步来说，由于在相对估值 DEA 效率的计算过程中选择了包含内在价值、股票风险、流通股规模等在内的五个投入指标，考虑了更多影响股票定价方面的因素、包含了更多市场信息，且比较的是市场间的相对效率而非绝对效率，较之市盈率指标来说其结果更具有稳定性与客观性，同时，对市场情况反映方面的准确性与时效性更强。

第六节　小　　结

本书利用数据包络分析（DEA）模型分别对内地和香港股票市场 2002 ~ 2013 年的相对估值水平及相对估值效率进行比较分析，并将其结果与基于市盈率指标的结果进行比较，得出以下几点结论：第一，内地市场的相对估值水平高于香港市场。由于股票市场产出指标的特殊性，这仅反映出内地市场股票定价普遍高于香港市场；第二，内地市场的相对估值效率低于香港市场。相对估值效率主要反映在市场中个股相对估值 DEA 效率的波动情况 Q 上，香港市场虽相对估值水平偏低，但波动幅度小；内地市场相对估值水平高，但波动幅度大。因此，香港市场相对估值效率较大；第三，利用同样样本数据，比较基于 DEA 效率与基于市盈率指标两种方法在评价市场相对估值水平及效率方面的差距。结果发现，以 DEA 效率为基础的相对估值水平比以市盈率为基础的两市估值水平差异更大；以 DEA 效率为基础的相对估值效率比以市盈率为基础的两市估值效率差异在大多数情况下更小。DEA 方法由于考虑更多影响市场估值有效性的因素，其结果更具稳定性、客观性与时效性。

　　本书的创新之处在于将 DEA 分析方法运用到股票市场的相对估值有效性研究中，将内地与香港交叉上市股票视为整体代入模型，增强了两市场效率指标间的可比性。除市场相对估值水平指数 MVLI 外，还构建了市场相对估值效率指数 MVEI 这一指标，将个股估值效率的波动情况 Q 视为判断市场相对估值效率的主要因素，这一分析思想拓展了以往只注重考虑市场相对估值水平的研究方法，使研究结果更具有实际意义。此外，以相对估值 DEA 效率为基础可以构建两市场间相对估值效率之比 $MVEI_c/MVEI_h$，使得市场间效率比较的结果得以量化；而以市盈率指标为基础只能比较两市场 Q 值的大小，仅能从一个侧面反映市场估值效率的比较，无法进行此量化过程。

　　本书还有一些不足之处：第一，本书未对样本数据结果进行稳定性检验。一般利用样本数据计算的结果只有通过稳定性检验才具有一般性意义，本书利用样本数据计算的 DEA 效率值结果也需要进行检验。但由于 DEA 分析方法是一种非参数方法，其稳定性检验具有一定难度。第二，本书选取的评价时点为每年 5 月第一交易周收盘日，但由于各公司公布其年报的时点不尽相同，因此，市场消化年报信息的时间长短存在差异，由此可能导致一部分误差。第三，DEA 模型的结果对投入和产出指标的选取有很强的依赖性，在指标的选取上，本书主要根据以往的研究经验和数据可得性原则，并未对入选模型的指标进行规范的筛选程序。第四，模型的结果对样本具有依赖性，本书所选样本是在现有能力下，在最大范围内根据数据可得性原则进行筛选后选取的，在后续的研究中，可对数据进行进一步完善和补充，以期得到更准确的分析结论。本书关于内地和香港股票市场相对估值有效性的实证分析只是应用交叉上市数据探索定量研究市场间相对估值有效性领域中很小的一个实例，相关的理论还可适用于其他更多的交叉上市数据。当然，作为初步探索，理论上仍然需要进一步完善，这将是下一步的研究方向。

参 考 文 献

[1] [美] 埃德加·E·彼得斯. 资本市场的混沌与秩序 [M]. 北京: 经济科学出版社, 1999.

[2] 陈述云. 新股定价计量模型研究 [J]. 统计与决策, 2011 (5).

[3] 陈学胜, 覃家琦. A 股与 H 股市场价格发现及影响因子的实证研究 [J]. 大连理工大学学报 (社会科学版), 2012 (2): 54-59.

[4] 陈学胜, 覃家琦. 交叉上市股票价格发现能力差异及交易信息含量测度 [J]. 中国管理科学, 2013 (2): 9-16.

[5] 陈小悦, 陈晓, 顾斌. 中国股市弱型效率的实证研究 [J]. 会计研究, 1997 (9): 13-17.

[6] 陈远明. 关于股票发行定价的计量经济模型探讨 [J]. 重庆商学院学报. 1999 (2).

[7] 崔继刚. A + H 银行股的股价联动性分析 [J]. 金融财税, 2012 (1): 82-83.

[8] 戴晓凤, 杨军, 张清海. 中股票市场的弱式有效性检验: 基于单位根方法 [J]. 系统工程, 2005, 23 (11): 24-29.

[9] 邓子来, 胡健. 市场有效理论及我国股票市场有效性的实证检验 [J]. 金融论坛, 2001 (10): 44-50.

[10] 董秀良, 吴仁水. 股票交叉上市与价格发现——来自中国 "A + H" 股的经验证据 [J]. 数理统计与管理, 2008, 27 (6): 1080-1088.

[11] 董秀良, 曹凤岐. 交叉上市、股价反应与投资者预期——基于 H 股回归 A 股的经验研究 [J]. 财贸经济, 2009 (8): 37-42.

[12] 董直庆, 王林辉. 股票价格与价值的测度及特性分析——基于流动性的新解释 [J]. 数量经济技术经济研究, 2004 (3): 126-133.

[13] 范钛. 中国企业海外上市的绩效与风险 [J]. 统计与决策, 2005 (18): 69-71.

[14] 范旭东. 中国股票市场半强势效率研究 [D]. 上海: 复旦大学,

2010.

[15] 方军雄. 市场化进程与资本配置效率的改善 [J]. 经济研究，2006 (5)：50 - 61.

[16] 冯玉明. 对中国证券市场资本配置效率的实证研究 [J]. 证券市场导报，2003 (7)：33 - 36.

[17] 郭显光，易晓文. 中国股票市场的效率性分析 [J]. 数量经济技术经济研究，1999 (8)：12 - 15.

[18] 韩德宗，徐剑刚. 沪深股票市场相关性的实证研究 [J]. 统计研究，1995 (1)：62 - 66.

[19] 韩立岩，蔡红艳. 我国资本配置效率及其与金融市场关系评价研究 [J]. 管理世界，2002 (1)：65 - 70.

[20] 韩立岩，王哲兵. 我国实体经济资本配置效率与行业差异 [J]. 经济研究，2005 (1)：77 - 84.

[21] 黄长征. 价值认知原理与金融市场价格操纵 [M]. 北京：科学出版社，2007.

[22] 胡秋灵，刘伟. 中美股市联动性分析——基于次贷危机背景下的收益率研究 [J]. 金融理论与实践，2009 (6)：79 - 84.

[23] 侯彦斌，张玉琴. 中国股票市场弱式有效性的实证分析——以上证指数为例 [J]. 云南财经大学学报，2009，24 (6)：50 - 51.

[24] 金勇进，绍军. 缺失数据的统计处理 [M]. 北京：中国统计出版社，2009.

[25] 金桩. 我国上市公司股票价格与主要决定因素之间关系的研究 [J]. 内蒙古社会科学，2002 (6).

[26] 柯建飞. 交叉上市对资本市场影响研究综述 [J]. 管理现代化，2011 (3)：56 - 58.

[27] 李佳，王晓. 中国股票市场有效性的实证研究——基于方差比的检验方法 [J]. 经济经纬，2010 (1)：136 - 140.

[28] 李心丹. 行为金融学：理论及中国的证据 [M]. 上海：三联书店，2004.

[29] 李学，刘建民，靳云汇. 中国证券市场有效性的游程检验 [J]. 统计研究，2002 (4)：27 - 31.

[30] 李晓良，韩丹. 国内企业海外上市对公司价值的影响研究——来自中国"A + H"股的经验数据 [J]. 财经理论与实践，2012 (3)：43 - 46.

［31］李晓婧，谢志明. 股票市场分割条件下 A 股 B 股市场间的关联性 ［J］. 吉首大学学报（自然科学版），2014（5）：76 - 81.

［32］李再扬，冯根福. 西方金融市场效率理论发展述评 ［J］. 财贸经济，2003（7）：91 - 95.

［33］李子奈，潘文卿. 计量经济学 ［M］. 高等教育出版社，2000.

［34］李至斌. 我国股票市场资本配置效率的实证分析 ［J］. 宏观经济研究，2003（8）：60 - 63.

［35］刘煜松. 股票内在投资价值理论与中国股市泡沫问题 ［J］. 经济研究，2005（2）：45 - 53.

［36］刘燕，陈勇，周哲英. A 股、H 股市场协整关系和引导关系实证研究 ［J］. 金融理论与实践，2013（6）：35 - 38.

［37］刘志强. 现代资产组合理论与资本市场均衡模型 ［M］. 北京：经济科学出版社，1998.

［38］刘子旭，王淑霞，仪秀琴. TobinQ 值估算方法及应用研究 ［J］. 黑龙江八一农垦大学学报，2010，22（3）：93 - 96.

［39］龙会学. H 股回归内地 A 股市场 IPO 定价研究 ［D］. 厦门：华侨大学，2009.

［40］马向前，任若恩. 基于市场效率的中国股市波动与发展阶段划分 ［J］. 经济科学，2002（1）：66 - 72.

［41］潘文卿，张伟. 中国资本配置效率与金融发展相关性研究 ［J］. 管理世界，2003（8）：16 - 23.

［42］潘越. 中国公司双重上市行为研究 ［M］. 北京：北京大学出版社，2007.

［43］彭晨. 我国公司交叉上市行为研究 ［J］. 价格月刊，2012（4）：61 - 65.

［44］秦志敏，郭雯. A + H 股交叉上市后公司业绩走势研究 ［J］. 财经问题研究，2012（4）：66 - 74.

［45］石建勋，钟建飞，李海英，2011，金融危机前后内地与香港股市联动性及引导性变化的实证研究 ［J］. 统计与信息论坛，2011（2）：42 - 47.

［46］盛昭瀚，朱乔，吴广谋. DEA 理论、方法与应用 ［M］. 北京：科学出版社，1996.

［47］孙春花. 基于股价信息含量对我国股票市场效率的经验检验 ［J］. 科学与管理，2012（3）：41 - 45.

[48] 孙敏. 中国上市公司 A 股和 H 股价差及其影响因素实证研究 [J]. 中国外资, 2013 (8): 191 - 192.

[49] 孙翼. 中美股市联动性研究 [D]. 杭州：浙江大学, 2009.

[50] 宋颂兴, 金伟根. 上海股市市场有效性实证研究 [J]. 经济学家, 1995 (4): 107 - 113.

[51] 唐静武. 中国股票市场透明性与市场运行效率 [J]. 金融与经济, 2010 (1), 46 - 49.

[52] 陶文娟. 对我国股票市场分割现象的研究 [D]. 北京：对外经济贸易大学, 2007.

[53] 王锦慧, 王倩. 中国股票市场资源配置效率与经济增长 [J]. 生产力研究, 2010 (2): 135 - 138.

[54] 王远林. 有效市场假说极其检验的新进展 [J]. 东北财经大学学报, 2008 (3): 12 - 16.

[55] 王群勇, 王国忠. 沪市 A、B 股市场间信息传递模式研究 [J]. 现代财经, 2005, 25 (6): 25 - 29.

[56] 威廉. 夏普著, 胡坚译. 投资组合理论与资本市场 [M]. 北京：机械工业出版社, 2001.

[57] 魏权龄. 数据包络分析 [M]. 北京：科学出版社, 2004: 71 - 73.

[58] 吴世农. 中国证券市场效率的分析 [J]. 经济研究, 1996 (4): 14 - 19.

[59] 吴娟, 李岚. A 股与 H 股股价相关性及差异性实证研究 [J]. 西南农业大学学报, 2011 (1): 31 - 35.

[60] 吴文峰, 朱云, 吴冲锋, 芮萌. B 股向境内居民开放对 A、B 股市场分割的影响 [J]. 经济研究, 2002 (12): 33 - 41.

[61] 谢赤, 宫梦影. 境外上市企业回归发行 A 股的公告效应研究 [J]. 华东经济管理, 2011 (11): 67 - 70.

[62] 谢玉梅, 毛宇鑫. A + H 股交叉上市 IPO 抑价及其定价效率比较分析 [J]. 华南师范大学学报（社会科学版）, 2013 (1): 81 - 86.

[63] 徐加根, 黄才伟. 对我国证券市场有效性的检验 [J]. 财经科学, 2000 (4): 37 - 40.

[64] 徐寿福. "双重上市" 公司 A、H 股价格差异的因素研究 [J]. 证券市场导报, 2009 (2): 54 - 60.

[65] 杨毅. 多重上市股票间的价格引导与风险关联——来自中国 A、H

股市场的证据 [J]. 2009 (18)：129 - 131.

[66] 杨娉，徐信忠，杨云红. 交叉上市股票价格差异的横截面分析 [J]. 管理世界，2007 (9)：107 - 115.

[67] 姚亚伟，杨朝军. 市场分割下中国双重上市公司资产定价效率问题研究 [J]. 华东经济管理，2009 (9)：46 - 50.

[68] 易荣华，达庆利. 基于 DEA 的股票相对投资价值评价与投资策略研究 [J]. 东南大学学报，2004，6 (5)：46 - 51.

[69] 易荣华，达庆利. 市场效率计量方法及我国证券市场效率实证研究 [J]. 中国软科学，2004，159 (3)，144 - 156.

[70] 易荣华. 基于 DEA 的证券市场问题研究 [M]. 上海财经大学出版社，2008.4.

[71] 易荣华，李必静. 股票定价模式及股价分解测度方法研究——基于输入输出转换及相对比较的视角 [J]. 中国管理科学，2010 (5)：14 - 20.

[72] 易荣华，刘云，刘家鹏. 基于 DEA 的行业相对估值效率测度——理论与实证 [J]. 中国管理科学，2012，20 (3)，79 - 85.

[73] 易荣华，孙子璇. 股票定价函数形式的比较研究 [J]. 吉首大学学报，2014 (1)：90 - 94.

[74] 游家兴，制度建设，公司特质信息与股价波动同步性——基于 R2 的视角 [J]. 经济学，2006 (10)：189 - 206.

[75] 苑德军，李文军. 中国资本市场效率的理论与实证分析 [J]. 河南金融管理干部学院学报，2002 (6)：1 - 10.

[76] 俞乔. 市场有效、周期异常与股价波动——对上海、深圳股票市场的实证分析经济研究 [J]. 1994 (9)：43 - 49.

[77] 张兵，李晓明. 中国股票市场的渐进有效性研究 [J]. 经济研究，2003 (1)：54 - 61.

[78] 张曼，屠梅曾. 新兴股票市场有效性及检验方法和实证分析 [J]. 预测，2001 (1)：71 - 74.

[79] 张涛. 中国 A 股市场和 H 股市场的联动性研究 [J]. 江西社会科学，2008 (2)：90 - 94.

[80] 张瑞峰，何文婷. 交叉上市的动因及经济后果研究述评 [J]. 会计之友，2010 (36)：87 - 89.

[81] 张人骥，朱平方，王怀芳. 上海证券市场过度反应的实证检验 [J]. 经济研究，1998 (5)：58 - 64.

[82] 郑铭伟. 企业交叉上市与绩效关系研究——以中国上市公司为例 [D]. 北京：对外经济贸易大学，2011.

[83] 赵树宽，赵智丽，张婷. 中国企业逆向跨境交叉上市符合约束假说吗 [J]. 宏观经济研究，2014 (9)：56 -66，143.

[84] 赵留彦，王一鸣. A、B 股之间的信息流动与波动溢出 [J]. 金融研究，2003 (10)：37 -52.

[85] 赵欣. 中国 A、B 股上市公司绩效的差异分析 [J]. 首都经济贸易大学学报，2014 (6)：71 -78.

[86] 朱波，宋振平. 基于 SFA 效率值的我国开放式基金绩效评价研究 [J]. 数量经济技术经济研究，2009 (4)：105 -115.

[87] 朱武祥，郭志江. 股票价格中的公司流通股本规模信息——兼论国有股上市流通策略 [J]. 中国软科学，2003 (1)：44 -47.

[88] 朱宏泉，陈林，潘宁宁. 行业、地区和市场信息，谁主导中国证券市场价格变化 [J]. 中国管理科学，2011，19 (4)：1 -8.

[89] 周爱民. 证券市场有效性、可预测性与技术指标的协整性 [J]. 南开经济研究，1997 (1)：44 -50.

[90] 周林，2012，A + H 上市公司两市股价联动性实证研究 [J]. 吉林工商学院学报，2012 (5)：70 -75.

[91] 邹辉文，刘融斌，汤兵勇. 证券市场效率理论及其实证研究评述 [J]. 中国软科学，2004 (9)：38 -47.

[92] Abdul A, Nienke O, Kenichi U. (2005)："The quality effect: does financial liberalization improve the allocation of capital", Paper presented at the sixth Jacques Polak annual research conference hosted by the international Jacques Polak annual research conference hosted by the international monetary fund. Washington D. C, .

[93] Abad C, Thore S A, Laffarga J. Fundamental analysis of stocks by two-stage DEA [J]. Managerial and Decision Economics, 2004, 25: 231 -241.

[94] Abed Al - Nasser Abdallaha, Christos Ioannidisb. Why do firms cross-list International evidence from the US market [J]. The Quarterly Review of Economics and Finance, 2010, 50: 202 -213.

[95] Aigner D, Lovell C, Schmidt P. Formulation and Estimation of Stochastic Frontier Production Function Models, Journal of Econometrics, 1977, 6 (1): 21 -37.

[96] Alexandros E. Efficient capital markets: A statistical definition and comments [J]. Statistics & Probability Letters, 2007, 77: 607 –613.

[97] Allen, F., Gorton, G. Churning bubbles [J]. Review of Economics Studies, 1993, 60: 813 –836.

[98] Allen D E, Yang W. Do UK stock prices deviate from fundamentals? [J]. Mathematics and Computers in Simulation. 2004, 64: 373 –383.

[99] Allen, R., Athanassopoulos. A., Dyson, R. G., Thanassoulis. E. Weights restrictions and value judgements in data envelopment analysis: Evolution, development and future directions [J]. Annals of Operations Research, 1997, 73: 13 –34.

[100] Amihud Y, Mendelson H. Asset Pricing and the Bid2ask Spread [J]. Journal of Financial Economics, 1986, 17: 223 –249.

[101] Annaert J., Van De Broeck, R, Vennet. Determinants of Mutual Fund Underperformance: A Bayesian Stochastic Frontier Approach [J]. European Journal of Operational Research, 2003, 151: 617 –632.

[102] Andersen P, Petersen N C. A procedure for ranking efficient units in Data Envelopment Analysis [J]. Management Science, 1993, 39 (10): 1261 –1264.

[103] Antonella B, Stefania F. A data envelopment analysis approach to measure the mutual fund performance [J]. European Journal of Operational Research, 2001, 135: 477 –492.

[104] Aretz K, Bartram S M, Pope P F. Macroeconomic risks and characteristic-based factor models [J]. Journal of Banking & Finance, 2010, 34: 1383 –1399.

[105] Aswath Damodaran. Investment Valuation: Tools and Techniques for Determining the Value of Any Asset [M]. New Jersey: John Wiley & Sons Press, 2001.

[106] Bailey W, P Chung, J K Kang. Foreign Ownership Restrictions and Equity Price Premiums: What Drives the Demand for Cross-border Investments? [J]. Journal of Financial and Quantitative Analysis, 1999, 34: 489 –511.

[107] Bailey W, J Jagtiani. Foreign Ownership Restrictions and Stock Prices in the Thai Capital market [J]. Journal of Financial Economics, 1994, 36: 57 –87.

[108] Bachelier, Louis 1900. Théorie de la Spéculation, Annales Scientifique de l'école Normale Supérieure, 3e série, tome 17, 21 – 86. [English translation in Cootner; original French with a more recent English translation in Davis and Etheridge.]

[109] Battese G E, Coelli T J. Frontier Production Functions, Technical Efficiency and Panel Data: with Application to Paddy Farmers in India [J]. Journal of Productivity Analysis, 1992, 3 (1 – 2): 153 – 169.

[110] Barr, R. S. , Lawrence, M. S. , Thomas, F. S. Forecasting bank failure: A nonparametric frontier estimation approach [J]. Recherches Economiques de Louvain, 1994, 60: 417 – 429.

[111] Basso, A. , Funari, S. A data envelopment analysis approach to measure the mutual fund performance [J]. European Journal of Operational Research, 2001, 135: 477 – 492.

[112] Basu, S. The investment performance of common stocks in relation to their price-earnings ratios: A test of the efficient market hypothesis [J]. Journal of Finance, 1977, 32: 663 – 68.

[113] Banker R D, Charnes A, Cooper W W. Some models for estimating technical and scale inefficiencies in data envelopment analysis [J]. Management Sciences, 1984, 30 (9): 1078 – 1092.

[114] Banker, R. D. , Morey, R. C. Efficiency analysis for exogenously fixed inputs and outputs [J]. Operations Research, 1986, 34 (4): 513 – 521.

[115] Banker, R. D. , Morey, R. C. The use of categorical variables in Data Envelopment Analysis [J]. Management Science, 1986, 32 (12): 1613 – 1627.

[116] Banker, R. D. , Maindirata, A. Piecewise loglinear estimation of efficient production surfaces [J]. Management Science, 1986, 32: 126 – 135.

[117] Banker, R. D. , Thrall, R. M. Estimation of returns to scale using DEA [J]. European Journal of Operational Research, 1992, 62: 74 – 84.

[118] Banker, R. D. Maximum Likelihood, consistency and data envelopment analysis: A statistical foundation [J]. Management Science, 1993, 39: 1265 – 1273.

[119] Banz R. The relationship between return and market value of common stocks [J]. Journal of Financial Economics, 1981, 9 (1): 3 – 18.

[120] Baruch S. , Who Benefits from an Open Limit – Order Book [J]. Jour-

nal of Business, 2005, 4: 1267 - 1306.

[121] B Chowdhry, V Nanda. Multimarket trading and market liquidity [J]. Review of Financial Studies, 1991, 4 3: 483 - 511.

[122] Benjamin Graham, David Dodd. Security Analysis [M]. New York: McGraw Hill Financial, Inc. , 1934.

[123] BennettP, Keller J. The International transmission of stock price disruption in October 1987 [J]. Federal Reserve Bank of New York Quarterly Review, 1988, 13: 17 - 33.

[124] Boehmer, E. , G.. Saar and L. Yu, Lifting the Veil: an Analysis of Pre-trade Transparency at the NYSE [J]. Journal of Finance, 2005, 2: 783 - 815.

[125] Bris A, Cantale S, Nishiotis G P. A Breakdown of the Valuation Effects of International Cross-listing* [J] . European Financial Management, 2007, 13 (3): 498 - 530.

[126] Brown T A. Confirmatory factor analysis for applied research [M]. New York: Guilford Press, 2006. 12 - 37.

[127] Cajueiro D O, Tabak B M. Evidence of Long Range Dependence in Asian Equity Markets: the Role of Liquidity and Market Restrictions [J]. Physica A: Statistical Mechanics and its Applications, 2004, 342 (3 - 4): 656 - 664.

[128] Cajueiro D O, Tabak B M. Ranking efficiency for emerging markets [J]. Chaos, Solutions & Fractals, 2004, 22 (2): 349 - 352.

[129] Cajueiro DO, Tabak B M. The Hurst exponents over time: testing the assertion that emerging markets are becoming more efficient [J]. Physica A: Statistical and Theoretical Physic, 2004, 336 (3 - 4): 512 - 537.

[130] Campbell, J. Y. , Lo, A. W. , MacKinlay, A. C.. The econometrics of financial markets [M]. New Jersey: Princeton University Press, 1997.

[131] Carhart, M. On Persistence in Mutual Fund Performance [J]. Journal of Finance 1997, 52: 57 - 821.

[132] Cetorelli, N. , & Peristiani, S.. Firm Value and Cross Listings: The Impact of Stock Market Prestige [J]. Journal of Risk and Financial Management, 2015, 8 (1): 150 - 180.

[133] Chan Yue - Cheong, Congsheng Wu. Chuck C. Y. Kwok. Valuation of global IPOs: a stochastic frontier approach [J]. Rev Quant Finan Acc, 2007, 29: 267 - 284.

［134］ Chang, Millicent, Corbitt &Ross. The Effect of Cross – Listing on Insider Trading Returns ［J］. Accounting & Finance, 2012, (3): 723 –741.

［135］ Chan K, Menkveld A J, Yang Z. The informativeness of domestic and foreign investors' stock trades: evidence from the perfectly segmented Chinese market ［J］. Journal of Financial Markets, 2007, 10 (4): 391 –415.

［136］ Chakravarty S, Sarkar A, Wu L F. Information asymmetry market segmentation, and the pricing of cross-listed shares: theory and evidence from Chinese A and B shares ［J］. Journal of International Financial Markets, 1998 (8): 325 –355.

［137］ Charnes A, Cooper W W, Rhodes E. Measuring the efficiency of decision making units ［J］. European Journal of Operational Research, 1978, 2 (6): 429 –444.

［138］ Charnes, A., Cooper, W. W., Rhodes, E. Evaluating program and managerial efficiency: an application of data envelopment analysis to program follow through ［J］. Management Science, 1981, 27: 668 –696.

［139］ Charnes, A., Cooper, W. W. Preface to topics in data envelopment analysis ［J］. Annals of Operations Research, 1985, 2: 59 –94.

［140］ Charnes, A., Clark, C. T., Cooper, W. W., Golany, B. A developmental study of DEA in measuring the efficiency of maintenance units in the U. S. air forces ［J］. Annals of Operations Research, 1985, 2: 95 –112.

［141］ Charnes A, Cooper W W, Golary B, et al. Foundation of data envelopment analysis for pareto-koopmans efficient empirical production functions ［J］. Journal of Economics (Netherlands), 1985, 30 (1/2): 91 –107.

［142］ Charnes, A., Cooper, W. W., Thrall, R. M. Classifying and characterizing efficiencies and inefficiencies in DEA ［J］. Operations Research Letters, 1986, 5: 105 –110.

［143］ Charnes A, Cooper W W, Wei Q L. A semi-infinite multicriteria programming approach data envelopment analysis with many decision-making units. Center for Cybernetic Studies Report, CCS 551, 1986.

［144］ Charnes, A., Cooper, W. W., Huang, Z. M., Sun, D. B. Polyhedral cone-ratio DEA models with an illustrative application to large commercial banks ［J］. Journal of Econometrics, 1990, 46: 73 –91.

［145］ Chen S H and Tan C W. Estimating the complexity function of financial timeseries: an estimation based on predictive stochastic complexity [J]. Journal of Managementand Economics 1999, 33.

[146] Chopra, N., Lakonishok, J., & Ritter, J. R. Measuring abnormal performance: Do stocks overreact? [J]. Journal of Financial Economics, 1992, 31: 235 – 268.

[147] Chung Kee H., Pruitt, Stephen W. A Simple Approximation of Tobin's Q Financial Management, 1994, 23 (3): 70 – 74.

[148] Clare, A. D. and Thomas, S. H. The predictability of international bond and stock returns [J]. Economic Letters, 1992, 40: 105 – 112.

[149] Corporate Governance and Its Implications [J]. Northwestern University Law Review, 1999 (93): 641 – 708.

[150] Datar and Mao. The Underpricing of IPO in China [Z]. Seattle University Working Paper, 1997.

[151] DeBondt, W. F., & Thaler, R. Does the stock market overreact? [J]. Journal of Finance, 1985, 40: 793 – 805.

[152] DeBondt, W. F., & Thaler, R. Further evidence on investor overreaction and stock market seasonality [J]. Journal of Finance, 1987, 42, 557 – 581.

[153] Dia, Mohamed. A Portfolio Selection Methodology Based on Data Envelopment Analysis [J]. INFOR, 2009, 47 (1): 71 – 79.

[154] Dow J, Gorton G. Stock Market Efficiency and Economic Efficiency: Is There a connection ? [J]. The Journal of Finance, 1997 (3): 1087 – 1129.

[155] Doidge, Craig, Karolyi, George Andrew and Stulz, Rene M., Why are Foreign Firms Listed in the U. S. Worth More? Dice Center Working Paper, 2001 (16).

[156] Doidge, C. U. S. cross-listings and the private benefits of control: evidence from dual-class firms [J]. Journal of Financial Economics, 2004, 72: 519 – 53.

[157] Doidge, C., Karolyi, G. A. and Stulz, R. Why are foreign firms listed abroad in the U. S. worth more? [J]. Journal of Financial Economics, 2006, 71: 205 – 238.

[158] Downs, (1995), "Evaluating the performance of ordinary security market", Presented at: INFORMS national meeting [in Data envelopment analysis], Los Angeles, 23/ April to 26/ April.

[159] Durnev A, Morck R, Yeung B, Zarowin P. Does greater firm – specific return variation mean more or less informed stock pricing? [J] . Journal of Accounting Research, 2003, 41, 797 – 836.

[160] Edwards K. D. Prospect theory: A literature review [J]. International Review of Financial Analysis, 1995, 5: 19 – 38.

[161] Edirisinghe N C P, Zhang X. Generalized DEA model of fundamental analysis and its application to portfolio optimization [J]. Journal of Banking & Finance, 2007, 31: 3311 – 3335.

[162] Emerson R, Hall S G, Zalewska – Mitura A. Evolving market efficiency with an application to some Bulgarian shares [J]. Economics of Planning, 1997, 30: 75 – 90.

[163] Epstein, M. K. , and J. C. Henderson. Data envelopment analysis for managerial control and diagnosis [J]. Decision Sciences, 1989, 20 (1): 90 – 119.

[164] Evans, T. Efficiency tests of the UK financial futures markets and the impact of electronic trading systems [J]. Applied Financial Economics, 2006, 16: 1273 – 1283.

[165] Faff, Robert W. &Au Yong, Hue Hwa. The Long-and Short – Run Financial Impacts of Cross Listing on Australian Firms [J]. Australian Journal of Management, 2013 (1).

[166] Fama E, Eugene F. Efficient capital markets: a review of theory and empirical work [J]. Journal of Finance, 1970, 2: 383 – 423.

[167] Fama, E. F. Components of investment performance [J]. Journal of Finance, 1972, 27: 551 – 567.

[168] Fama, E. Efficient capital market: II [J]. Journal of Finance, 1991, 46: 1575 – 1617.

[169] Fama, E, French, K. The cross-section of expected stock returns [J]. Journal of Finance, 1992, 47: 427 – 465.

[170] Fama, E. F. , & French, K. R. Size and book-to-market factors in earnings and returns [J]. The Journal of Finance, 1995, 50 (1): 131 – 155.

[171] Fama E. Market efficiency, long-term returns, and behavioral finance [J]. Journal of Finance Economics, 1998, 49: 283 – 306.

[172] Fama, L. Fisher, M. Jesen and R. Roll, 1969, "The Adjustment of

Stock Prices to New Information", International Economic Review 10 (1), pp. 1 – 21.

[173] Fama, Eugene F. , and Kenneth R. French. Multifactors explanation of asset pricing anomalies [J]. Journal of Finance, 1996, 51: 55 – 84.

[174] Farrell, M. J.. The measurement of productive efficiency [J]. Journal of the Royal.

[175] Statistical Society, Series A, General, 1957, 120: 253 – 281.

[176] Fare R, Grosskopf S. A nonparametric cost approach to scale efficiency [J]. Journal of Economics, 1985, 87: 594 – 604.

[177] Fernald J, Rogers J H. Puzzles in the Chinese stock market [J]. The Review of Economics and Statistics, 2002, 84 (3): 416 – 432.

[178] Ferson, W. E. , & Harvey, C. R. The risk and predictability of international equity returns [J]. Review of Financial Studies, 1993, 6, 527 – 566.

[179] Ferrario, M. , Signorini, M. , Magenes, G. Complexity analysis of the fetalheart rate for the identification of pathology in fetuses [J]. Computers in Cardiology, 2005, 32: 989 – 992.

[180] Fifield G M, Jetty J. Further Evidence on the Efficiency of the Chinese Stock Markets: A Note [J]. Research in International Business and Finance, 2008, 22: 351 – 361.

[181] Foerster S R, Karolyi G A. The effects of market segmentation and investor recognition on asset prices: evidence from foreign stocks listing in the United States [J]. Journal of Finance, 1999, 5 (3): 981 – 1013.

[182] Fukuyama, Hirofumi and William L. Weber. The efficiency and productivity of Japanese securities firms [J]. Japan and the World Economy, 1999, 11 (1): 115 – 133.

[183] Førsund, F. R. (1993). Productivity Growth in Norwegian Ferries. In H. – O. Fried, C. A. K. Larrain, M. , Pagano, M. Market efficiency before and after introduction of electronic trading at the Toronto Stock Exchange [J]. Review of Financial Economics, 1997, 6 (1): 29 – 56.

[184] Gabjin O, Kim S and Eom C. Market efficiency in foreign exchange markets [J]. Physica A 2007, 382: 209 – 212.

[185] Gencay, R. Non-linear prediction of security returns with moving average rules [J]. Journal of Forecasting, 1996, 15: 165 – 174.

[186] Georgina, Benou. Market Underreaction to Large Stock Price Deelines: The Case of ADRs [J]. The Journal of Behavioral Finance, 2003, 4: 21 –32.

[187] Giglio, R. , S. da Silva. , Iram Gleria. , R. Matsushita, A. Figueiredo. (2010): "Efficiency of financial markets and algorithmic complexity", Journal of Physics: Conference Series 246 012032.

[188] Giglio, Ricardo, Raul Matsushita, and Sergio Da Silva. The relative efficiency of stock markets [J]. Economics Bulletin, 2008, 7 (6): 1 –12.

[189] Guo L, Tang L, Yang S X. Corporate governance and market segmentation: evidence from the price difference between Chinese A and H shares [J]. Review of Quantitative Finance and Accounting, 2013, 41 (2): 385 –416.

[190] Glosten, L. R. Introductory Comments: Bloomfield and O' Hara, and Flood, Huisman, Koedijk, and Mahieu [J]. Review of Financial Studies, 1999, 12: 1 –3.

[191] Griffin, John M. , Patrick J. Kelly and Federico Nardari. (2006): Measurement and Determinants of International Stock Market Efficiency, SSRN Working Paper, http: //ssrn. com/.

[192] Groenewold N, Tang S H K, Wu Y. The efficiency of the Chinese stock market and the role of banks [J]. Journal of Asian Economics, 2003, 14: 593 – 609.

[193] Grossman, Sanford J. , Stiglitz, Joseph E. On the Impossibility of Informationally Efficient Markets [J]. American Economic Review, 1980, 6: 393 – 408.

[194] Harvey, Campbell R. Predictable Risk and Returns in Emerging Markets [J]. Review of Financial Studies, 1995: 773 –816.

[195] Harvey, Campbell R. ; Kirsten E. ; Costa, Michael J. . FORECASTING EMERGING MARKET RETURNS USING NEURAL NETWORKS Emerging Markets Quarterly, Summer2000, 4 (2): 43 –54.

[196] Hasbrouck, J, & Schwartz, R. A. Liquidity and execution costs in equity markets [J]. Journal of Portfolio Management, 1988, 14: 10 –16.

[197] Hanley, K. W. , Wilhelm Jr, W. J. Evidence on the strategic allocation of initial public offerings [J]. Journal of Financial Economics, 1995, 37 (2): 239 –257.

[198] HansdaSK, RayP. Stock market integration and dually listed stocks: In-

dian ADR and domestic stock prices [J]. EconomicalAndPolitical Weekly, 2003, 38 (8): 22 – 28.

[199] Hayashi, Fumio. Tobin's Marginal q and Average q: A Neoclassical Interpretation [J]. Econometrica, 1982, 50 (1): 213 – 224.

[200] Henk Berkman, Nhut H. Nguyen. Domestic liquidity and cross – listing in the United States [J]. Journal of Banking & Finance, 2010 (34): 1139 – 1151.

[201] He, Junru. The use of pricing frontier to analyze cross – sectional equity values and returns (investment, mutual funds, stock market, financial engineering, management science) [D]. Ph. D. dissertation, State University of New York at Buffalo, 1998.

[202] Hietala, P T. Asset Pricing in Partially Segmented Markets: Evidence from the Finnish Market [J]. Journal of Finance, 1989, 44: 697 – 718.

[203] Huang Ying, Elkinawy, Susan &Jain Pankaj K. Investor Protection and Cash Holding: Evidence from U. S. Cross – Listing [J]. Journal of Banking & Finance, 2011, (12): 121 – 154.

[204] Huang, Y. S. An empirical test of the risk-return relationship on the Taiwan Stock Exchange [J]. Applied Financial Economics, 1997, 7: 229 – 239.

[205] Ibboston, R. G. Price Performance to Common Stock New Issues [J]. Journal of Financial Economics, 1975, 3: 235 – 272.

[206] Ito, Mikio. , Shunsuke Sugiyama. Measuring the degree of time varying markets inefficiency [J]. Economics Letters, 2009, 103: 62 – 64.

[207] Jandhyala L. Sharma, Mbodja Mougoue and Ravindra Kamath. Heteroscedasticity in stock market indicator return data: volume versus GARCH effects [J]. Applied Financial Economics, 1996, 6: 337 – 342.

[208] Jefferis Campbell J Y, Lo A W. The econometrics of financial markets [M]. New Jersey: Princeton University Press, 1997.

[209] Jefferis K, Smith G. The changing efficiency of African stock markets. S Afr Econ, 2005, 73 (1): 54 – 73.

[210] Jeffrey. Wurgler. Financial market and the allocation of capital [J]. Journal of Financial Economics, 2000, 58: 187 – 214.

[211] Jegadeesh, N. . and S. Titman. Teturns to Buying Winners and Selling Losers: Implications for Stock Market Efficiency [J]. Journal of Finance, 1993:

65 - 91.

[212] Jennifer Powers, Patrick R. McMullen, Using data envelopment analysis to select efficient large market cap securities [J]. Journal of Business and Management, 2000, 7 (2): 31 - 42.

[213] Jin, L. and Myers. S. C. R2 around the World: New Theory and New Test [J]. Journal of Financial Economics, 2006, 79: 257 - 292.

[214] Jondrow J, Lovell C, Materov I S, et al. On the estimation of technical inefficiency in the stochastic frontier production function model [J]. Journal of Econometrics, 1982, 19 (2 - 3): 233 - 238.

[215] Joro, Tarja and Paul Na, (2000), "DEA in mutual fund evaluation", Presented at: INFORMS national meeting [in Data envelopment analysis IV], San Antonio, United States of America, 11/5 to 11/8.

[216] Kahneman, Daniel and Tversky, Amos. Prospect theory: an analysis of decision under risk [J]. Econometrica, 1979, 47: 263 - 292.

[217] Kaspar F and Schuster H G. Easily calculable measure for the complexity of spatiotemporal patterns [J]. Physical Review A, 1987, 36: 842 - 48.

[218] Kim S, In F. The relationship between stock returns and inflation: new evidence from wavelet analysis [J]. Journal of Empirical Finance, 2005, 12 (3): 435 - 444.

[219] Kothari, S. P. Capital markets research in accounting [J]. Journal of Accounting and Economics, 2001, 31: 105 - 231.

[220] Kutan AM, Zhou H. Determinants of returns and volatility of Chinese ADRs at NYSE [J]. Journal of Multinational Financial Management, 2006, 16 (1): 1 - 15.

[221] Land, K. C., Lovell, C. A. K., Thore, S. Chance-constrained DEA [J]. Managerial and Decision Economics, 1993, 14: 541 - 554.

[222] Lakonishok, J., Shleifer, A., & Vishny, R. W. Contrarian investment, extrapolation, and risk [J]. Journal of Finance, 1994, 49: 1541 - 1578.

[223] Lecture, New York, Lloyds Bank Review, No. 153, (July), pp. 1 - 15, reprinted in Tobin (1987), pp. 282 - 96. Ma, S. (2004): "The efficiency of China's stock market", SSRN Working Paper, http: //ssrn. com/.

[224] Lehmann and Modest. The empirical foundations of the arbitrage pricing theory [J]. Journal of Financial Economics, 1988, 21: 213 - 254.

[225] Lempel, A., Ziv, J. On the complexity of finite sequences [J]. IEEE Transactions on Information Theory, 1976, 22: 75 – 81.

[226] Lim, K. P., M. J. Hinich, R. D. Brooks, (2006): "Events that shook the market: an insight from nonlinear serial dependencies in intraday returns", SSRN Working Paper, http://ssrn. com/.

[227] Lim K P. Ranking Market Efficiency for Stock Markets: A Nonlinear Perspective [J]. Physica A: Statistical Mechanics and its Applications, 2007, 376: 445 – 454.

[228] Li X – M. Time-varying informational efficiency in China's A-share and B-share markets [J]. Chinese Econ Bus Stud, 2003 (1): 33 – 56.

[229] Lima E J A, Tabak B M. Tests of The Random Walk Hypothesis for Equity Markets: Evidence from China. Hong Kong and Singapore, Applied Economics Letters, 2004, 11: 255 – 258.

[230] Lindenberg Eric B., Ross Stephen A. Tobin's q Ratio and Industrial Organization [J]. The Journal of Business, 1981, 54 (1): 1 – 32.

[231] Li K. What Explains the Growth of Global Equity Markets [J]. Canadian Investment Review, This version: June 15, 2002.

[232] Li Y, Yan D, Greco J. Market segmentation and price differentials between A shares and H shares in the Chinese stock markets [J]. Journal of Multinational Financial Management, 2006, 16 (3): 232 – 248.

[233] Lo A W, MacKinlay A C. Stock market price do not follow random walks: Evidence from a simple specification test [J]. Review of Financial Studies, 1988, 1: 44 – 46.

[234] Lo A W, MacKinlay A C. The size and power of the variance ratio test in finite samples: a Monte Carlo investigation [J]. Journal of Econometrics, 1989, 40: 203 – 238.

[235] Lo, A W. The adaptive markets hypothesis: market efficiency from an evolutionary perspective [J]. Portf. Manage. 2004, 30: 15 – 29.

[236] Lowengrub P, Melvin M. Before and After International Cross – Listing: An intraday examination of volume and volatility [R]. Arizona State University Working Paper, 2000.

[237] Madhavan, A., Trading Mechanisms in Securities Market [J]. Journal of Finance, 1992, 47: 607 – 641.

[238] Mandelbrot, Benoit 1966. Forecasts of future prices, unbiased markets, and martingale models [J]. Journal of Business, 39 (Special Supplement, January), 242 – 255.

[239] Ma, S. The efficiency of China's stock market, SSRN Working Paper, http://ssrn. com/, 2004.

[240] Malkiel, B. G. , 2004. A random walk down Wall Street: The time-tested strategy for successful investing [M]. W. W. Norton & Company, Inc, New York.

[241] Matsushita R, Figueiredo A, Gleria I and Da Silva S 2007 The Chinese chaos game Physica A 378 427 – 442.

[242] Meeusen W J, Broeck V D. Efficiency Estimation from Cobb – Douglas Production Functions with Composed Error, International Economic Review, 1977, 18 (2): 435 – 444.

[243] Merton R C. A Simple Model of Capital Market Equilibrium with Incomplete Information [J]. The Journal of Finance, 1987, 42: 22 – 34.

[244] Michael Chak-sham Wong, Yan – Leung Cheung, The practice of investment management in Hong Kong: market forecasting and stock selection. Omega, Int. J. Mgmt. Sci. 27 (1999), 451 – 465.

[245] Miller D P. The market reaction to international cross-listings: evidence from depositary Receipts [J]. Journal of Financial Economics, 1999, 51 (1): 103 – 123.

[246] Mittoo U R. Globalization and the value of US listing: Revisiting Canadian evidence [J]. Journal of banking & finance, 2003, 27 (9): 1629 – 1661.

[247] Morey, Matthew R. and Richard C. Morey. Mutual fund performance appraisals: A multi-horizon perspective with endogenous benchmarking [J]. Omega, International Journal of Management Science, 1999, 27 (2): 241 – 258.

[248] Mookerjee R, Yu Q. An empirical analysis of the equity markets in China [J]. Review of Financial Economics, 1999, 8: 41 – 60.

[249] Morck, Yeung , and Yu W. The information content of stock market: why do emerging markets have synchronous stock price movements? [J]. Journal of Financial Economics, 2000, 58: 215 – 260.

[250] Murthi B P S, Choi Y K, Desai P. Efficiency of mutual funds and portfolio performance measurement: A non-parametric approach [J]. European Journal of Operational Research, 1998, 2: 408 – 418.

[251] O' Hara M. Market Microstructure Theory [M]. Basil Blackwell Publisher, 1995.

[252] Olesen, O. B. , Petersen, N. C. Chance Constrained Efficiency Evaluation [J]. Management Science, 1995, 41: 442 – 457.

[253] Paradi, Joseph C. , (1998), "DEA and mutual funds performance", Presented at: in European Symposium on Data Envelopment Analysis: Recent Developments and Applications, Wernigerode, Germany, 10/16 to 10/18.

[254] Pesaran, H. M. , & Timmermann, A. Predictability of stock returns: robustness and economic significance [J]. The Journal of Finance, 1995, L (4): 1201 – 1228.

[255] Pettengill, G. N. , Sundaram, S. and Mathur I. The conditional relation between beta and returns [J]. Journal of Financial and Quantitative Analysis, 1995, 30: 101 – 116.

[256] Peters E E. Fractal Market Analysis: Applying Chaos Theory to Investment and Economics [M]. New York: John Wiley &Sons, Inc. , 1994: 39 – 49.

[257] Premachandra, I. , et al. Measuring the relative efficiency of fund management strategies in Newzealand using a spreadsheet based stochastic data envelopment analysis model [J]. Omega, 1998, 26 (2): 319 – 331.

[258] Reinganum, M. R. A new empirical perspective on the CAPM [J]. Journal of Financial and Quantitative Analysis, 1981, 16: 439 – 462.

[259] Richman J S and Moorman J R. Physiological time-series analysis usingapproximate entropy and sample entropy [J]. American Journal of Physiology: Heart andCirculatory Physiology, 2000, 278: 2039 – 2049.

[260] Robert Merton. A Simple Model of Capital Market Equilibrium with Incomplete Information [J]. Journal of Finance, 1987, 42: 483 – 510.

[261] Rock, K. (1986) Why, new issues are underpriced, Journal of Financial Economics, 15 (1/2), 187 – 212.

[262] Roll. A critique of the asset pricing theory's tests [J]. Journal of Financial Economics, 1977, 4: 129 – 176.

[263] Santos, Andr e, Joao Tusi, Newton Da Costa1 J, and Sergio Da Silva. Evaluating Brazilian Mutual Funds with Stochastic Frontiers Abstract [J]. Economics Bulletin, 2005, 13: 1 – 61.

[264] Samuelson, P. A. , 1965. Proof that properly anticipated prices fluctu-

ate randomly [J]. Ind. Manage. Rev. 6, 41 – 49.

[265] Sarkissian S, Schill M J. Are there permanent valuation gains to over-seas listing? [J]. Review of Financial Studies, 2009, 22 (1): 371 – 412.

[266] Sarkis J, Weinrach J. Using data envelopment analysis to evaluate environmentally conscious waste treatment technology [J]. Journal of Cleaner Production, 2001, 9: 417 – 427.

[267] Seiford, L. M., Zhu, J. Context-dependent data envelopment analysis—Measyring attractivess and progress [J]. Omega, 2003, 31: 397 – 408.

[268] Seiford L M, Thrall R M. Recent development in DEA. The mathematical programming approach to frontier analysis [J]. Journal of Econometrics, 1990, 46: 7 – 38.

[269] Serrão, Amilcar, (2001), "Assessing the performance of Portuguese securities investment trusts using data development analysis", Presented at: (EURO XVIII) 18th European Conference on Operational Research [in Data envelopment analysis VI], Rotterdam, Netherlands, 7/9 to 7/11.

[270] Seyhum, H. N. Overreaction or Fundamentals: Some Lessons from Insiders Response to the Market Crash of 1987 [J]. The Journal of Finance, 1990, 5: 1363 – 1388.

[271] Sharpe, Willam. F. A Simplfied Model for Portfolio Analysis [J]. Management Science, 1963, 9 (2): 277 – 293.

[272] Shiller, R. J.. Irrational exuberance, Second Edition [M]. Princeton University Press, New Jersey, 2005.

[273] Shiller, R. J. Do stock prices move too much to be justified by subsequent changes in dividends? [J]. American Economic Review, 1981, 71 (3): 421 – 436.

[274] Shiller, R. J.. Irrational exuberance, Second Edition [M]. Princeton University Press, New Jersey, 2005.

[275] Shiller Robert J., From efficient markets theory to behavioral finance [J]. Journal of Economic Perspectives, 2003, 17: 83 – 104.

[276] Shefrin, Hersh, and Statman, Meir. Behavioral Portfolio Theory [J]. Journal of Financial and Quantitative Analysis, 2000, 35: 127 – 151.

[277] Shmilovici A, Alon – Brimer Y and Hauser S. Using a stochastic complexitymeasure to check the efficient market hypothesis Computational Economics,

2003, 22, 273 – 84.

[278] Shmulevich I and Povel D J. Measures of temporal pattern complexity [J]. Journal of New Music Research, 2000, 29: 61 – 69.

[279] Singh P, KumarB, PandeyA. Price and volatility spillover across North American, European and Asian stock markets [J]. International Review Finance Analysis. 2009, 19 (1): 55 – 64.

[280] Stapleton, Subrahmanyan. Market imperfections, capital market equilibrium and corporate finance [J]. Journal of Finance, 1977, 32: 307 – 319.

[281] Steven C. Gold, Paul Lebowitz. Computerized stock screening rules for portfolio selection [J]. Financial Services Review, 1999, 8: 61 – 70.

[282] Stulz, René M. Globalization, Corporate Finance, and the Cost of Capital [J]. Journal of Applied Corporate Finance, 1999, 12: 8 – 25.

[283] Sun Q, Tong W H S, Wu Y. Overseas listing as a policy tool: Evidence from China's H – shares [J]. Journal of Banking & Finance, 2013, 37 (5): 1460 – 1474.

[284] SuQ, ChongTTL. Determining the contributions to price discovery for Chinese cross – listed stocks [J]. Pacific – Basin Finance Journal, 2007, 15 (2): 140 – 153.

[285] Thompson, R..G., F. D. Singelton, R. M. Thrall, and B. A. Smith. Comparative Site Evaluations for Locating a High – Energy Physics Lab in Texas [J]. Interfaces, 1986, 16 (6): 35 – 49.

[286] Thompson, R. G. et al. The Role of Multiplier Bounds in Efficiency Analysis with Application to Kansas Farming [J]. Journal of Econometrics, 1990, 46: 93 – 108.

[287] Tobin, James. Lipuidity Preference as Behavior towards Risk [J]. Review of Economic Studies, 1958, 25 (1): 65 – 86.

[288] Tobin, James. "On the efficiency of the financial system", Fred Hirsch Memorial Lecture, New York, Lloyds Bank Review, No. 153, (July), pp. 1 – 15, reprinted in Tobin (1987), pp. 282 – 296.

[289] Tobin, James. A. General Equilibrium Approach to Monetary Theory [J]. Journal of Money, Credit and Banking, 1969, (1): 15 – 29.

[290] Vladimir V. Kulish. Market efficiency and the phase-lagging model of the price evolution [J]. Physica A, 2008, 387: 861 – 875.

［291］ Wong K N, Chen R B, Shang X J. The weekday effect on the Shanghai stock exchange ［J］. Applied Financial Economics, 1999: 551 – 565.

［292］ Xuanjuan Chen, Kenneth A. Kim, Tong Yao, Tong Yu. On the predictability of Chinese stock returns ［J］. Pacific – Basin Finance Journal, 2010, 18: 403 – 425.

［293］ Xu X E, Fung H G.. Information flows across markets: evidence from China-backed stocks dual-listed in Hong Kong and New York ［J］. The Financial Review, 2002, 37 (4): 563 – 588.

［294］ Yang T.. Cross – listing and firm value: what can explain the cross-listing premium? Evidence from Japan ［R］. Nanyang Technological University Working Paper, 2002.

［295］ Yakov Amihud, Haim Mendelson. Asset pricing and the bid-ask spread ［J］. Journal of Financial Economics, 1986 (17): 223 – 249.

［296］ You L, Lucey B M, Shu Y.. An empirical study of multiple direct international listings ［J］. Global Finance Journal, 2013, 24 (1): 69 – 84.

［297］ Yue – Cheong Chan, Congsheng Wu, Chuck C. Y. Kwok.. Valuation of global IPOs: a stochastic frontier approach ［J］. Rev Quant Finan Acc, 2007, 29: 267 – 284.

［298］ Gupta K L. , Lensink R. Financial Liberalization and Investment ［M］. London: Routledge Press , 1996.

［299］ Brock W, Dechert W, Scheinkman J, LeBaron, B. A test for independence based on the correlation dimension ［J］. Econometric Review, 1996, 15 (3): 197 – 235.

［300］ Freund , W. C , Larrain , M. , Pagano , M. Market efficiency before and after introduction of electronic trading at the Toronto Stock Exchange ［J］. Review of Financial Economics , 1997 , 6 (1): 29 – 56.

［301］ Roll R. R2 ［J］. Journal of Finance, 1988, 43: 541 – 566.

［302］ Kellard N, P Newbold, T Rayner, C Ennew. The relative efficiency of commodity futures markets ［J］. The Journal of Futures Markets, 1999, 19: 413 – 432.

后　记

　　2001 年以来，在坎贝尔（1997）的启发下，开始致力于证券市场相对效率的研究，作为博士学习阶段和国家自然科学金项目（70873115）研究工作的延续，从多个方面进行了相对效率的拓展研究，本书是 2011～2015 年研究成果的总结。

　　特别感谢国家自然科学基金项目（71173023、71473235）、浙江省人文社科基地"管理科学与工程"、浙江省协同创新中心"标准化与知识产权管理"、浙江省哲社重点研究基地"产业发展政策研究中心"的资助支持。感谢本人的研究生李必静、刘云、张洋彬、孙子璇、鞠瑾、种清云，他们为本书的实证研究部分做了大量工作。

　　衷心感谢经济科学出版社，是编辑们的无私帮助和杰出工作，才使本书得以荣登大雅之堂。